El Embarazo:
el mejor tiempo para sumergir a su bebé en oración

Edna Rivera

Derechos reservados © 2011 por Edna Rivera

El Embarazo: el mejor tiempo para sumergir a su bebé en oración

Por Edna Rivera

Primer impreso en los Estados Unidos de América, 2011

Segundo impreso, versión revisada en Puerto Rico, 2013

ISBN 9781619043282

Todos los derechos reservados exclusivamente por el autor. El autor garantiza que todos los contenidos son originales y que no infringen los derechos legales de ninguna otra persona u obra. Ninguna parte de este libro se puede reproducir de ninguna forma sin el permiso del autor. Las ideas expresadas en este libro no son necesariamente las de la editorial.

Al menos que se indique lo contrario, el texto bíblico está tomado de la Reina Valera. Derechos de reproducción © 1960 por la Editorial Caribe.

www.xulonpress.com

Para:

_____

De:

_____

Fecha:

_____

Por motivo de tú concepción.

Página de Contenido

Prólogo xv
Introducción xix
Primer Mes 25
Segundo Mes 45
Tercer Mes 63
Cuarto Mes 85
Quinto Mes 101
Sexto Mes 121
Séptimo Mes 143
Octavo Mes 163
Noveno Mes 187
Día del Parto 211
Apéndice uno: El bebé inicialmente no deseado .. 217
Apéndice dos: Cuando has vivido la experiencia del aborto 221
Apéndice tres: La pérdida de su bebé 223
Apéndice cuatro: Referencia rápida 225

Agradecimiento

Hay tantas personas especiales que creyeron en este proyecto y me acompañaron durante toda la travesía que culminó en la producción de este libro.

Muchas gracias a:

Lillian López, mi hermana en Cristo, por convertirse en mi escudera, por sus oraciones, por creer en este libro cuando era solo un sueño. Por acompañarme y alentarme desde el inicio hasta el final.

Nyrma Feliciano, mi hermana de pacto, porque, además de cubrirme en oración, aportó sus conocimientos de la medicina, leyó cada sección y ofreció valiosas recomendaciones.

Carmen Marchany, hija espiritual, que asumió varios roles en el proceso. Me sostuvo con sus oraciones, aportó ideas y asumió la ardua tarea de editar el manuscrito.

María S. Pedraza, mi hermana en Cristo, quien por iniciativa propia, dijo: "heme aquí" y asumió la responsabilidad de la organización total del formato.

Sara Arroyo, mi hermana en Cristo, por las horas que invirtió en la primera edición del manuscrito.

El escuadrón de los cuarenta guerreros de oración de mi iglesia, por adoptar una de las cuarenta semanas del embarazo y cubrirla en oración.

Pastor Oscar Rivera, quien, además de ser parte del escuadrón de oración, como médico, me proveyó información sobre la función de los órganos del cuerpo del bebé.

Ruth Sanjurjo, por aportar sus ideas artísticas, su asesoría y formatear el manuscrito revisado.

Wanda Soler, mi hija espiritual, por aportar sus valiosos talentos de escritora y por su apoyo emocional.

Edwin Correa, por diseñar la portada del libro.

Rafael Flores, por las correcciones al manuscrito de la versión revisada del libro.

Dedicatoria

Dedico este libro, primeramente, al Espíritu Santo, el verdadero autor del mismo. El que me inspiró, empujó y sostuvo durante todo el largo proceso de completarlo.

En segundo lugar, a Andrés Rivera Chico, el niño con quien, de manera rudimentaria, algunos de los principios incluidos en este libro fueron utilizados por primera vez cuando su madre estaba embarazada. Hoy Andrés es un niño de once años, que desde su niñez, conoce las Escrituras y disfruta de una íntima relación con Dios. Es un niño que conoce su destino en Dios y, a tan temprana edad, habla apasionadamente de que debe prepararse para viajar a las naciones a llevar la Palabra de Dios.

Y estas palabras que yo te mando hoy, estarán sobre tu corazón; y las repetirás a tus hijos, y hablarás de ellas estando en tu casa, y andando por el camino, y al acostarte, y cuando te levantes.
Deuteronomio 6:6-7

Prólogo

Sobre Ti fui echado desde la matriz; desde el vientre de mi madre, Tú eres mi Dios.

Sal 22:10

Esta exclamación del Salmo 22:10 encierra perfectamente el propósito de este libro, ayudarle a utilizar las 40 semanas del embarazo para sumergir a su bebé en la Palabra de Dios. Que, así como el cordón umbilical es la conexión de vida al cuerpo físico del bebé, la Palabra de Dios lo conecte con su Creador. Que al impregnarlo con la misma, sus sentidos espirituales sean saturados. Que llegue a desear la leche pura de la Palabra para que por ella crezca para salvación (1Pedro 2:2).

Las investigaciones en el campo de la psicología evidencian los múltiples casos de personas con recuerdos que corresponden a experiencias que sucedieron mientras todavía estaban en el vientre de su madre. El prominente Dr. Thomas Verny, en su libro "The Secret Life of the Unborn Child" (1988), presenta numerosos ejemplos de estos casos en diferentes lugares del mundo. Interesantemente, el Dr. Verny también presenta evidencia de cómo el bebé, desde el vientre de su madre, sabe si es un bebé deseado o no lo es y los efectos que esto tiene sobre él en su adultez.

A tono con estas investigaciones, ha surgido el campo de la psicología prenatal y perinatal. Este es un estudio interdisciplinario de los fundamentos de la salud en cuerpo, mente, emociones y en los patrones de respuesta durante la vida. Se estudian los efectos psicológicos, psicofisiológicos y las implicaciones de las primeras experiencias de la persona, antes de su nacimiento (prenatal), durante e inmediatamente después del parto (perinatal), en la salud, la capacidad de aprendizaje del individuo y en las relaciones sociales.

Estas investigaciones han confirmado que algunas de las experiencias que el bebé tiene en el vientre de su madre están siendo grabadas en su ser. Además, la investigación ha confirmado de manera contundente que durante el proceso de gestación, el bebé oye, ve, siente y, al igual que Juan el Bautista, reacciona a los estímulos del mundo exterior.

Me pregunto: ¿será que, así como la Biblia en Isaías 40:22 (antes de que Cristóbal Colón lo descubriera) ya indicaba que la tierra era redonda, en 2 Timoteo 3:15 de lo que se habla es de la memoria prenatal de Timoteo? En este pasaje se dice que desde la niñez, Timoteo sabía las Escrituras. Lo interesante es que al estudiar el lenguaje original, la palabra que se traduce como niñez, también significa: "propiamente un infante que no ha nacido." Con esto en mente, pienso que 2 Timoteo 3:15 se podría parafrasear para que leyera: y que desde que estabas en el vientre de tu madre has sabido las Sagradas Escrituras (énfasis del autor). ¿Sería que Loida y Eunice aprovecharon el tiempo del embarazo para comenzar a instruir a Timoteo mientras desarrollaban una relación de apego con él desde el mismo vientre?

La realidad es que ha llegado el momento de que el pueblo de Dios tome ventaja de los conocimientos que la investigación del campo de la memoria prenatal ha arrojado. Que los utilice en unión con la Palabra de Dios para instruir al bebé sobre su identidad en Cristo desde antes de nacer. Este libro hace precisamente esto; combina la Palabra de Dios y los hallazgos de la ciencia sobre la memoria prenatal. El mismo pretende que, además de orar por el desarrollo físico del bebé en gestación, los padres cuenten con una herramienta que les ayude a orar por su alma y espíritu. Que a través de este proceso, el bebé desarrolle un agudo sentido de percepción espiritual. Que al grabarse la Palabra de Dios en su ser, ésta contribuya a desarrollar sus sentidos espirituales y lo lleve a tener una relación de intimidad con Dios y una vida victoriosa en Cristo Jesús.

Creo firmemente que este libro refleja el corazón de Dios para este tiempo. La Biblia, definitivamente, es el mejor manual de enseñanza que existe y aún hoy la ciencia continúa confirmando la veracidad de lo que ya estaba escrito en ella. Recuerde que este es un momento crucial en la vida suya y la vida de su bebé. No pierda la oportunidad y el privilegio de entrar en una alianza con Dios para declarar vida sobre el espíritu, alma y cuerpo de su bebé.

Introducción

Así será mi palabra que sale de mi boca, no volverá a mí vacía sin haber realizado lo que deseo, y logrado el propósito para el cual la envié.

Isa 55:11

El propósito de este libro es conectar a su bebé con la Poderosa Palabra de Dios durante todo el período de la gestación. El mismo vincula los principios de la Biblia con los hallazgos de la ciencia sobre la memoria prenatal. Esto se hace con el objetivo de que, mientras sumerge a su bebé en la oración basada en la Biblia, la misma se grabe en su ser, agudice sus sentidos espirituales, le facilite disfrutar de una relación de intimidad con Dios y una vida victoriosa en Cristo Jesús.

Es una herramienta que le ayudará a aprovechar los nueve meses del embarazo para comenzar a desarrollar una relación de apego con su bebé a medida que lo envuelve en el amor de Dios. La Biblia nos enseña en 1 Tesalonicenses 5:23 que somos espíritu, alma y cuerpo, y que los tres deben ser santificados; por eso hemos incluido oraciones para que comience a santificar y nutrir diariamente los tres aspectos esenciales del bebé. El embarazo es el mejor momento para comenzar a orar por su bebé. Durante ese período de nueve meses el bebé está cautivo dentro del vientre de la madre. De manera misteriosa, para bien o para mal, las experiencias de su alrededor están siendo grabadas en su ser. Este libro le ayudará a proveerle experiencias de vida que lo prepararán para su vida en el mundo exterior. No se trata de hacer confesiones positivas, sino de oraciones basadas en los principios de la Biblia: bendecir al bebé con el poder de la Palabra, que es viva y eficaz y más cortante que toda espada de dos filos; que penetra hasta partir el alma y el espíritu, las coyunturas y los tuétanos, y discierne los pensamientos y las intenciones del corazón (Heb 4:12).

La primera página del libro provee para que usted le dedique el libro al bebé por el cual estuvo orando. Puede escoger regalárselo al nacer o esperar que tenga suficiente edad para que pueda valorarlo. Un regalo como éste es un tesoro que lleva el mensaje de que alguien le amó tanto que tomó el tiempo para, semana tras semana, orar por su desarrollo físico, nutrir su alma y su espíritu con la Palabra de Dios. ¿Se imaginan el efecto que un gesto como éste, unido a sus oraciones, tendrá sobre las emociones del bebé en los años futuros?

El libro comienza con el período *antes* del embarazo. Provee para que el matrimonio pueda consagrar el óvulo y el espermatozoide que se fundirán para concebir al bebé. También incluye una oración para sostenerlos durante el período de espera si la llegada del bebé se prolonga.

Hemos incluido una sección muy especial que recopila los hallazgos del judío mesiánico, Zola Levitt. El Sr. Zola Levitt devela de manera impresionante cómo nuestro Dios ha entretejido el proceso del embarazo con las fiestas de Israel descritas en el libro de Levíticos. Esta información ha sido resumida en una tabla y colocada en el mes correspondiente al embarazo. Si desean leer más sobre este asunto, pueden ir a www.levitt.com y solicitar el video: "A Child is Born" o el folleto "The Seven Feasts of Israel".

Para facilitar su uso, el contenido ha sido organizado en los nueve meses del embarazo y las semanas que componen el mes. En una sencilla tabla descubrirá: el enfoque de las oraciones para ese mes, el nombre de Dios que se utiliza y la relación entre las semanas del embarazo y las fiestas de Israel.

En la sección del **desarrollo físico,** el bebé se describe a sí mismo de manera amena y a veces jocosa. Les habla a sus padres sobre su desarrollo físico durante esa semana y glorifica a Dios por los cuidados que ha tenido para con él. La misma no pretende ser un manual médico, sino más bien una avenida para un diálogo placentero entre los padres y el bebé por nacer.

La sección de la **oración por el desarrollo físico del bebé** comienza desde antes del embarazo. Incluye una oración para santificar el óvulo y el espermatozoide que se fusionarán al momento de la concepción. Si el embarazo se tarda, encontrará una oración que los sostenga durante la espera por concebir su bebé. Una vez que se conciba el bebé, hay una oración para cada semana del embarazo. Las oraciones en esta sección le presentan a Dios cada órgano en desarrollo y su funcionamiento.

Las oraciones por el alma del bebé le brindan a los padres la oportunidad de sembrar la poderosa Palabra de Dios en el alma del bebé mientras se desarrolla en el vientre de la madre. Dado que el Salmo 8:2 nos enseña que de la boca de los infantes y de los que maman Dios perfecciona la alabanza, este es el mejor momento para comenzar a orar por el alma del bebé. Las nueve manifestaciones del fruto del Espíritu Santo han sido integradas a las oraciones del alma. Además encontrará que para cada semana se identificó un personaje de la Biblia que exhibió ese fruto. Se le invita a orar con la convicción de que tendrá resultados garantizados pues la Palabra de Dios nunca torna atrás vacía, sino que hace aquello para lo cual es enviada (Isaías 55:11). En estas oraciones se le pide a Dios que le dé al bebé un corazón conforme al Suyo, que lo haga sabio y lo llene de su inteligencia.

La sección de **las oraciones por el espíritu del bebé** sigue el patrón de estar basadas en la Palabra de Dios, de profetizar y de bendecir el espíritu del bebé, pero tiene un enfoque un poco diferente. En esta ocasión su objetivo será llamar la atención del espíritu del bebé y comenzar a instruirlo. Instruirlo sobre cuánto Dios le ama, sobre su identidad en Dios, su capacidad singular de discernir las cosas de Dios y de poder comunicarse directamente con Él. El objetivo final de las oraciones por el espíritu del bebé es comenzar a afinar sus sentidos espirituales al alimentarlo con la hermosa Palabra de Dios. Estas oraciones instruyen al espíritu del bebé sobre su herencia en Dios, la necesidad de entregarle su corazón, sus sentidos espirituales, cada una de las piezas de la armadura del cristiano y los dones del espíritu que están a su disposición.

El apéndice contiene varios recursos importantes. Incluye guías y oraciones que podrán utilizarse en caso de que inicialmente el bebé fue uno no deseado, si durante el embarazo se sufre la pérdida del bebé y cuando se ha pasado por la experiencia de practicarse un aborto. También se incluye una referencia rápida que contiene el nombre de Dios, el enfoque de la oración y el personaje de la Biblia seleccionado para esa semana.

La utilización de este libro no debe convertirse en un ritual pesado. Más bien debe ser una experiencia de deleite, que ayude a los padres a disfrutar de unos hermosos momentos de intimidad con el bebé. No piense que tiene que leer en un solo día todas las oraciones asignadas a la semana. Las oraciones pueden ser divididas de la siguiente forma:

Día 1   Leen la sección donde el bebé describe su desarrollo. Después conversan con el bebé sobre lo que se leyó y el gozo de tenerlo.

Día 2   Leen la sección de la oración por el desarrollo físico del bebé.

Día 3   Leen la sección de la oración por el alma del bebé.

Día 4   Leen la sección de la oración por el espíritu del bebé.

Día 5   Pueden volver a leer la sección de las oraciones por el desarrollo físico del bebé y añadir otras bendiciones.

Día 6   Pueden volver a leer la sección de las oraciones por el alma del bebé y añadir otras bendiciones.

Día 7   Pueden volver a leer la sección de las oraciones por el espíritu del bebé y añadir otras bendiciones.

Lo importante es que los padres puedan disfrutar de esos hermosos momentos juntos, a la vez que van desarrollando una relación de apego con el bebé. Esto no implica que si los padres se encuentran separados durante el proceso de gestación no puedan usar el libro. Al contrario, el mismo le brindará la oportunidad de establecer una profunda relación de apego con su bebé mientras oran semanalmente por él. De igual forma, las oraciones pueden ser hechas por los abuelos, tíos o cualquier otra persona que desee asumir la responsabilidad de cubrir en oración al bebé en gestación y ser partícipe de la formación de la identidad en Cristo de ese bebé.

Aunque el libro cubre el período desde antes del embarazo, la realidad es que puede comenzar a usarlo durante cualquier semana del embarazo. De hecho, las oraciones para el alma y el espíritu tienen la particularidad que pueden ser usadas para orar por sus nietos, sobrinos, hermanos o un ser querido; no importa la edad que tenga.

Decidir cómo referirme al bebé no fue una tarea sencilla. Por un lado, durante las primeras semanas del embarazo se desconoce el sexo del bebé; por otro lado, el libro será usado para orar tanto por niñas como por niños. Ante esta disyuntiva, siempre que nos fue posible, utilizamos un término neutral como nuestro bebé en vez de "el o la bebé". Esto no siempre fue posible y en esos casos utilizamos "el", para facilitar la lectura.

Nuestra recomendación es que una vez usted conozca el sexo del bebé, personalice la oración. Si conoce el nombre que se le dará, use su nombre y refiérase a él o ella según sea el caso que aplique.

Primer Mes

Semanas 1 – 4

Resumen del Proceso del Embarazo

Semana 1-2: Preconcepción – Para crear cierta consistencia, los médicos calculan el embarazo a partir del primer día del último período menstrual. A los 14 días después de haber comenzado el período menstrual, el cuerpo de la mujer libera un óvulo.

Semana 3: El óvulo fue fertilizado y la concepción es una realidad.

Semana 4: El óvulo fertilizado va camino al útero para implantarse.

El enfoque de las oraciones será:

Semana	Nombre de Dios	Personaje de la Biblia	Alma	Espíritu
1- **Preconcepción** Tiempo de deleite y expectativa de concebir	Creador	Jesús, el Mesías	N/A	N/A
2- **Preconcepción** Tiempo de deleite y esperar por el momento de la concepción	Altísimo	Isaac	N/A	N/A

El enfoque de las oraciones será: (cont.)

Semana	Nombre de Dios	Personaje de la Biblia	Alma	Espíritu
3	Alfarero	Elizabeth	Fruto del Amor	Identidad en Dios
4	Jehová Pastor	Jonatán	Fruto del Amor	Identidad en Dios

Fiestas de Israel y el Embarazo

Fiestas de Israel	Embarazo
El calendario judío tiene aproximadamente 280 días.	Tiene una duración de aproximadamente 280 días
Fiesta de la Pascua : Selección del Cordero Lev 23:5 "En el mes primero, el día catorce del mes, al anochecer, es la Pascua del SEÑOR."	**Preconcepción - Ovulación** A los catorce días del primer día del período menstrual, el ovario libera un óvulo.
Fiesta de los panes sin levadura Lev 23:6 "El día quince del mismo mes es la fiesta de los panes sin levadura para el SEÑOR; por siete días comeréis pan sin levadura."	**Concepción – Fecundación** La fecundación tiene que ocurrir dentro de las 24 horas del óvulo haber sido liberado; el día 15 del mismo mes.
Fiesta de las primicias Lev 23:10-14 No tiene un día específico. Se celebra el domingo siguiente de la semana de los panes sin levadura.	**Implantación del óvulo fertilizado** No tiene un día específico. El óvulo fertilizado viaja a su propio ritmo por las trompas de Falopio. Puede tomarle de 2 a 6 días llegar al útero.

Preconcepción   ***El bebé se regocija ante***
Semana 1   ***la expectativa de ser concebido***

¡Hola! Soy yo, su bebé. El bebé en quien están pensando. ¡Me siento tan especial! Cómo no sentirme especial, no soy una casualidad. Mi Dios, el Creador del universo, me escogió en Él desde antes de la fundación del mundo. Soy la hermosa hechura del Creador, su poema, y vendré al mundo para, en Cristo Jesús, realizar buenas obras, las cuales mi Creador preparó de antemano para que yo anduviese en ellas. ¡Aleluya! Llegaré al mundo con un destino y todo lo que necesito para cumplirlo. Soy muy inteligente, así que les contaré cómo son las cosas desde mi perspectiva. Los médicos, al igual que mi Creador, llaman las cosas que no existen como si ya existiesen. Ellos calculan las 40 semanas del embarazo desde antes de la concepción, ya que cuentan la primera semana a partir del primer día del último período menstrual de mamá. Mamita y papito, escuchen atentamente pues les daré una corta lección de biología. La mujer promedio tiene una menstruación cada 28 días. El primer día de su ciclo comienza cuando ella observa que sale sangre de su vagina. El período dura unos cuantos días. Algo maravilloso llamado ovulación sucede a los 14 días después de haber comenzado su período menstrual. La ovulación es el período cuando hay mayores probabilidades de que yo sea concebido. Durante la ovulación, el ovario de mamá libera un óvulo. Escuchen bien, pues ahora viene lo interesante: si tan sólo uno de los 500 millones de espermatozoides de papá logra penetrar el óvulo de mamita, ambos se fusionarán en un fuerte abrazo y yo habré sido concebido. Ustedes estarán de acuerdo conmigo que mi Creador es una maravilla. Con cuánto amor y cuidado creó al hombre y a la mujer con la capacidad de unirse y procrear hijos. En el hombre depositó espermatozoides, la célula más pequeña del organismo la cual posee solamente la mitad de todo lo necesario para darme vida; en la mujer depositó óvulos, la célula más grande del organismo, la cual posee la otra mitad a fin de que yo naciera como producto de un hombre y una mujer. ¡Es que mi Creador se las sabe todas! Escuchen lo que Él dice sobre mí: "Antes que te formase en el vientre te conocí, y antes que nacieses te santifiqué". "...No fue encubierto de ti mi cuerpo, bien que en oculto fui formado, y entretejido en lo más profundo de la tierra." ¡Aleluya! El Creador del universo me conoce y con gran atención fijó sus ojos sobre mí. Vendré al mundo con un destino y con un propósito definido. Mi Creador se asegurará de escoger cuidadosamente los 23 pares de cromosomas y sobre 10,000 genes que formarán mi cuerpo físico. Cada parte de mi herencia será entretejida majestuosamente, ya que mi Creador se asegurará de que tendré todo lo necesario para ser un vencedor y cumplir el propósito para el cual El me creó.

Los esposos oran con las Escrituras para procrear un bebé

Amado Creador, te damos gracias porque, siendo Tú el dador de la vida, aquél por cuya causa son todas las cosas y por quien todas las cosas subsisten, nos haces a nosotros, como matrimonio, partícipe del gran privilegio de procrear hijos. Tu Palabra establece que "por tanto, dejará el hombre a su padre y a su madre, y se unirá a su mujer, y serán una sola carne." Bendijiste la unión matrimonial y diste el mandato de: "fructificad y multiplicaos; llenad la tierra, y sojuzgadla". Este mandato late en nuestro ser y el anhelo de nuestros corazones es concebir un bebé.

La palabra concebir implica *imaginar, crear, admitir, plasmar, discernir*. Nosotros, por fe, creemos que al tiempo señalado nos visitarás y según el tiempo de la vida, concebiremos un bebé. Como esposos, entramos en alianza contigo para ser partícipes del maravilloso don de dar vida. Reconocemos que sin Ti nada podemos hacer y, como esposos, te presentamos nuestros cuerpos como un santuario y sacrificio vivo, santo y agradable a Ti, nuestro culto racional. Te pedimos que en tu gran amor y fidelidad prepares nuestros cuerpos para concebir un bebé. Perdónanos por las veces que hemos sometido nuestros cuerpos al pecado. Renunciamos a todo lo que pueda haber marchitado o dañado nuestros cuerpos y que impida la procreación. Libra nuestros cuerpos físicos de toda maldición generacional, iniquidad, enfermedades congénitas o adquiridas. Límpianos con la sangre de Cristo. Crea en nosotros, oh Dios, un corazón limpio y renueva un espíritu recto dentro de nosotros. Te pedimos de todo corazón que prepares nuestro espíritu, alma y cuerpo para ser fructíferos y concebir. Santifica y bendice nuestros cuerpos con fertilidad a fin de cumplir tu mandato de procrear hijos. En el nombre de Jesús, reclamamos tu promesa de que no habrá varón ni hembra estéril entre tu pueblo, pues somos un pueblo bendecido por Ti. La esterilidad, desórdenes hormonales, contajes bajos de espermatozoides, falta de ovulación o cualquier otro desorden no son parte de nuestra herencia. Declaramos que la bendición de Dios nos ha alcanzado y que poseemos cuerpos fecundos, capaces de concebir hijos. Creemos que nuestro Creador ha preparado mesa delante de nosotros en presencia del enemigo; que unge nuestras cabezas con aceite y hace que nuestras copas estén rebosando. Que si nuestro cuerpo ha estado afectado por alguna condición física o espiritual, el Creador de nuestros cuerpos es poderoso para hacer todo mucho más abundantemente de lo que pedimos o entendemos, según el poder que obra en nosotros. Que así como Dios se acordó de Raquel y la escuchó y le concedió hijos, nosotros concebiremos hijos para el Reino. Convencidos de esto, te rogamos que como guardaste la vida del Mesías mientras estaba en el vientre de María, levantes un muro protector alrededor del óvulo, espermatozoide y la matriz que lo recibirá. Que el poder de las tinieblas no logre impedir que tu mandato de que procreemos se haga una realidad. Tú eres el Dios Creador quien ha dado la orden de que seamos fecundos y que nos multipliquemos y aún has dicho que reyes saldrán de nuestras entrañas. Dado que los hijos son una bendición y recompensa de Dios, creemos que has preparado una porción especial de bendiciones generacionales para nuestro bebé. Estas harán que desde la matriz de su madre nuestro bebé sea una amenaza para el reino de las tinieblas. Permite que la misma sea un santuario de tu paz, cubierta por tu virtud, amor, compasión y protección. Que sea como una ciudad fuerte donde Tú hayas colocado murallas y baluartes para proteger a nuestro bebé. En el nombre de Jesús, oramos y te damos gracias. ¡Amén!

(Ef 1:4, 2:10, Rom 4:17, Jer 1:5, Sal 139:15, Heb 2:10, Jn 15:5, Rom 12:1, 1Juan 1:7, Sal 51:10, Deu 7:14, Sal 23:5, 51:10, Ef 3:20, Isa 49:16, Gen 1:28[a], 30:22, Sal 127:3, Deu 28:2, Isa 26:1)

Preconcepción   ***Tiempo de deleite y esperar***
Semana 2   ***por el momento de la concepción***

¡Hola! soy yo de nuevo, el bebé que ya existe en sus corazones. Les dije que soy muy inteligente y realmente lo soy, pero no soy omnisciente. Por lo tanto, por más que lo quisiera no puedo decirles cuándo mi concepción se hará una realidad en el mundo físico. Puede ser que yo llegue antes de lo esperado o que mi llegada se tarde. De ser así, piensen que soy un pedido tan, pero tan especial, que el Dios Altísimo sigue trabajando en mí. Les aconsejo que aprovechen y disfruten sus tiempos solos, pues les aseguro que después de mi llegada yo ocuparé todo su tiempo y hasta añorarán esas temporadas de dormir hasta el mediodía. Ya que estoy en esto de dar consejos, les quisiera dar unos cuantos más. Es posible que si mi llegada se tardara, la desilusión quiera hacer su aparición. No lo permitan. Vean cada nuevo ciclo menstrual como una nueva oportunidad de ser concebido. Tengan por cierto que Dios cumplirá el deseo de los que le temen, y también escuchará su clamor. Pónganse en acuerdo con el Dios Altísimo para cumplir la orden de ser fecundos y multiplicaos. Crean que, aunque por el momento soy sólo una visión para el tiempo señalado, ese tiempo se apresura hacia el fin y no defraudará. Aunque me tarde en llegar, ustedes deben esperar mi llegada; porque ciertamente vendré. Amados padres, no se desesperen. Dios sabe lo que está haciendo. Sus pensamientos y caminos no son los de ustedes, porque, así como los cielos son más altos que la tierra, así sus caminos y pensamientos son más altos que los de ustedes. Él ha dicho: "pedid, y se os dará; buscad, y hallaréis; llamad, y se os abrirá. Porque todo el que pide, recibe; y el que busca, halla; y al que llama, se le abrirá. ¿O qué hombre hay entre vosotros que si su hijo le pide pan, le dará una piedra, o si le pide un pescado, le dará una serpiente? Pues si vosotros, siendo malos, sabéis dar buenas dádivas a vuestros hijos, ¿cuánto más vuestro Padre que está en los cielos dará cosas buenas a los que le piden?" Como les dije, soy muy inteligente y estoy en esto de dar consejos, así que aquí voy: tienen que mantenerse enfocados hasta que llegue la gran semana 3, donde su petición habrá sido contestada y la concepción sea una hermosa realidad. Por el momento, aunque el embarazo no ha sucedido, todo está listo. Permítanme darle otra corta clase de biología. Una vez que el óvulo sale del ovario de mamá y viaja a través de la trompa de Falopio, está listo para ser fertilizado. El cuerpo de mamá se prepara para la posibilidad de un embarazo. Durante una ventana de 12 a 24 horas, mientras el óvulo hace su jornada listo para ser fertilizado por papá, las paredes del útero de mamá se preparan en anticipación. Si el óvulo no es fertilizado, el útero se deshace de la pared que había formado (esto es menstruación) a fin de que el cuerpo de mamá pueda prepararse para el próximo óvulo – una nueva oportunidad de un embarazo - y nueva oportunidad de continuar presentando sus cuerpos ante Dios hasta que llegue la gran semana 3. No se desesperen, pues al de firme propósito Dios guardará en perfecta paz, porque en Él confía. Sepan que "en el amor no hay temor, sino que el perfecto amor echa fuera el temor." El Dios Altísimo ha hecho todo apropiado a su tiempo. Por lo tanto, es tiempo de permanecer pegados a la vid verdadera. Clamen al Dios que los favorece. Háblenle a sus almas y pregúntenle "¿por qué te abates, oh alma mía, y por qué te turbas dentro de mí? Espera en Dios, porque aún he de alabarle. Él es la salud de mi semblante, y mi Dios. Alma mía, espera solamente en Dios, porque en Él está mi esperanza". Por lo cual, amados padres, estando en espera de mi llegada, procurad con diligencia que seáis hallados por Él en paz, sin mancha y sin reprensión hasta el momento de mi concepción.

Los esposos continúan orando con las Escrituras para procrear un bebé

Amado Dios Altísimo, "estando persuadido de esto, que el que comenzó en vosotros la buena obra, la perfeccionará hasta el día de Jesucristo." Tu Palabra establece que es bienaventurada la que creyó, porque se cumplirán las cosas que le fueron dichas de parte del SEÑOR. Por lo tanto, decretamos que, así como Isaac no permitió que la experiencia de esterilidad de su padre fuese la norma, sino que tomó la iniciativa de orar por su esposa, de esta misma manera nosotros reclamamos tus promesas y la bendición de que descendencia saldrá de nuestras entrañas. Sometemos nuestro cuerpo, alma y espíritu a tu poder para que decretes a nuestro favor. ¿Qué, pues, diremos a esto? Si Dios es por nosotros, ¿quién contra nosotros? Tu Palabra establece que no habrá mujer que aborte, ni estéril en tu tierra. Por lo tanto, creemos que no habrá circunstancia física, generacional o espiritual que pueda impedir que procreemos un bebé. Creemos que el mismo poder que levantó a Jesús de entre los muertos será liberado sobre nuestros cuerpos, y que así como misteriosamente el oro es formado en las profundidades de la tierra, Tú separas y bendices con toda clase de bendición el óvulo y espermatozoide que se fundirán para darle vida a nuestro bebé. Deposita en ellos dones, talentos, belleza, sabiduría y misterios profundos a fin de que nuestro bebé sea una joya invaluable, entretejida por las manos del Dios Altísimo. Sabemos que eres un Dios amoroso, grande en misericordia, que todo lo conoces, nada te es oculto y que Tú mismo nos has preguntado si por ventura hay para Dios alguna cosa difícil. Por cuanto en Ti hemos depositado nuestra confianza, no desmayaremos ni temeremos recibir malas noticias. Tan confiados estarán nuestros corazones, que cada menstruación será vista como una nueva oportunidad de concebir un bebé. Estamos convencidos que todo lo haces hermoso en su tiempo y que nuestros pensamientos no son como tus pensamientos, ni son nuestros caminos como los tuyos. Reconocemos que la carne es débil y a veces desfallece, por lo cual te pedimos que, mientras esperamos en Ti, Tú nos sustentes con la diestra de tu justicia. Amado Dios, te pedimos que, cuando la incredulidad quiera alojarse en nuestros pensamientos, Tú nos des las fuerzas para llevar todo pensamiento cautivo a la obediencia a Cristo y darles la orden de esperar en Ti, pues Tú eres nuestra esperanza, el Dios Altísimo que nos favorece. Ayúdanos a procurar con diligencia estar en tu paz, creyendo de todo corazón que eres Dios, que nos bendecirás con bendiciones de los cielos de arriba, con bendiciones del abismo que está abajo, con bendiciones de los pechos y del vientre. Por último, te pedimos SEÑOR que pongas guarda a nuestra boca. Vigila la puerta de nuestros labios de manera tal que solamente proclame cuál es la extraordinaria grandeza de tu poder para con nosotros los que creemos, conforme a la eficacia de la fuerza de tu poder. En el nombre de Jesús. ¡Amén!

(Sal 145:19, Gen 1:28, Hab 2:3, Isa 55:8-9, Mat 7:7-11, Isa 26:3, 1Juan 4:18, Ecl 3:11, Juan 15:5, Sal 43:5, Fil 1:6, Rom 8:31, Exo 23:26, Ef 1:20, Mat 10:26, Sal 112:7, Deu 28:12, Isa 55:8, Mar 14:38, Isa 41:10, 2Cor 10:5, Sal 62:5, 57:2, 2Ped 3:14, Gen 49:25, Sal 141:3, Col 1:11)

Semana 3   *Estoy vivo y describo mi desarrollo - Mido cerca de 1/25 de pulgada (0.10 cm)*

Algo maravilloso ha pasado. ¡He sido concebido! Ya no soy un pensamiento. Las manos del Alfarero seleccionaron cuidadosamente uno de los 500 millones de espermatozoides de papá para unirse a un óvulo en particular de entre los ciento veinte mil óvulos de mamá. Y aunque ustedes aún no sepan de mi existencia, la realidad es que soy un maravilloso ser viviente dotado con características particulares a fin de cumplir un propósito eterno en el Reino de Dios. El Alfarero tiene planes para mí y me ha dotado con la genética necesaria para que sus propósitos se cumplan en mí. Cuando la semilla de papá penetró el óvulo de mamá, un conjunto de 46 cromosomas, con un poco de información proveniente de ambos, se fusionaron y me dieron vida. Mi sexo fue establecido en el preciso momento de mi concepción, por la semilla de papá; pero aún es un secreto para todos, excepto para el gran Alfarero. A medida que floto a través de la trompa de Falopio buscando un lugar donde implantarme en el útero de mamá, me divido y multiplico rápidamente. Han pasado unas treinta horas desde la fecundación: me dividí en dos células, luego en cuatro y más tarde en ocho. Continúo dividiéndome a medida que me desplazo por la trompa de Falopio para dirigirme al útero. Ya soy del tamaño de la cabeza de un alfiler, los médicos me llaman un *cigoto*. El Gran Alfarero me llama hechura suya, su poema.

Guía de oración por el desarrollo físico de nuestro bebé

Tú eres el gran Alfarero cuyas obras son maravillosas. Nuestras almas lo saben muy bien y nuestros corazones levantan sus voces en gratitud a Ti por la maravilla de la concepción de nuestro bebé. Sabemos que la luz y las tinieblas son iguales para Ti. Por lo tanto, te pedimos que mientras se desplaza por la trompa de Falopio en dirección al útero y el proceso de división celular se lleva a cabo, tus ojos brillen sobre nuestro bebé y alumbren su camino con tu luz protectora. Tú eres el que lo formas en el seno materno y te adoramos, pues a imagen tuya lo has formado. Te damos gracias porque su sexo ha sido determinado: masculino o femenino lo has creado. De esto no tenemos duda. Nada sobre nuestro bebé te es oculto. Es un original que lleva tu marca y tus manos de artesano cuidan el bordado multicolor que está siendo secreta y majestuosamente entretejido en las profundidades del misterio de la concepción. Gran Alfarero, te suplicamos que cuides cada división celular al igual que la formación de su sistema nervioso central. Que tus hermosas manos de gran Alfarero lo protejan de todo tipo de malformación congénita que quiera apropiarse de él. Sabemos que en tu libro están escritos todos sus días, toda su vida está escrita delante de Ti, cuando aún no existía. ¡Cuán preciosos son para nosotros, oh Dios, tus pensamientos! ¡Cuán inmensa es la suma de ellos y la paz que nos proporciona saber que nuestro bebé está en tus manos! Muchas son, SEÑOR, Dios mío, las maravillas que Tú has hecho, y muchos tus designios para con nosotros; nadie hay que se compare contigo; si los anunciáramos, y habláramos de ellos, no podrían ser enumerados. Si los contáramos, serían más que la arena. ¡Amén!

Guía de oración por el alma de nuestro bebé
(emociones-mente-voluntad)

Oh SEÑOR, Tú eres el Gran Alfarero y nuestro bebé es como el barro que tus manos de artesano están formando. Alfarero, te presentamos la formación de su corazón; permite que de manera sobrenatural, deposites en él la semilla del amor, fruto de tu espíritu. Que tu estandarte sobre él sea el amor y que sea como un sello sobre su corazón y su brazo. Te pedimos que mientras lo moldeas, dirijas su corazón hacia tu amor y hacia la perseverancia de Cristo. Haz que tu amor sea como una semilla de mostaza que siembras en su corazón, la cual florecerá y hará que el mismo sea conforme al tuyo. Gran Alfarero, te pedimos que le des entendimiento y sabiduría para que con toda diligencia guarde su corazón, a fin de que de él broten los manantiales de la vida y que su alma sea como un huerto regado que nunca languidece, se extingue o anegue. Decretamos que rebosa una canción de amor en su corazón, un tema bueno. Que nuestro bebé dirigirá sus versos al Rey y su lengua será como pluma de escribiente muy ligero. Profetizamos que andará en amor, así como también Cristo nos amó y se dio a sí mismo por nosotros. Te amará con todo su corazón, con toda su alma y con todas sus fuerzas. Será ofrenda y sacrificio a Dios, como fragante aroma. Su identidad en Ti lo librará de los celos y la envidia. Lo llevará a ser como Elizabeth, que expresó un amor sincero hacia su prima María. No mostró celos ni envidia, ni se preguntó por qué a ella se le otorgó el honor de llevar en su vientre al Salvador; sino que de modo espontáneo y natural alabó a María y la reconoció como bendita entre todas las mujeres. Declaramos que nuestro bebé te pertenece y lo consagramos a Ti desde el vientre de su madre. Caminará por las sendas de la sabiduría y por veredas derechas y al final de sus días Tú le dirás: "Yo conozco tus obras, tu amor, tu fe, tu servicio y tu perseverancia y que tus obras recientes son mayores que las primeras." ¡Amén!

Guía de oración por el espíritu de nuestro bebé

Bebé, hemos orado por tu desarrollo físico y por tu alma, mas ahora vamos a orar por la parte más importante de todo tu ser: tu espíritu. Por lo tanto, en el nombre de Jesús, llamamos a atención a tu espíritu. Bebé, escucha con tu espíritu lo que Dios te dice. Jehová, que extendió los cielos y fundó la tierra y forma el espíritu del hombre dentro de él, Él nos creó a su imagen y semejanza para ejercer dominio sobre la tierra. Luego de crearnos, nos miró y exclamó que lo que había hecho era bueno en gran manera. "Tú eres la creación de Dios y Él se deleita en ti". Espíritu de nuestro bebé, tú eres la misma imagen de Dios. Escucha ahora lo que la Palabra de Dios nos enseña sobre el ADN de Dios: "Otra vez Jesús les habló, diciendo: Yo soy la luz del mundo; el que me sigue, no andará en tinieblas, sino que tendrá la luz de la vida." Bebé, tu Dios es todo luz. Espíritu de nuestro bebé, escucha ahora lo que la Palabra de Dios dice sobre tu espíritu: "Lámpara de Jehová es el espíritu del hombre, la cual escudriña lo más profundo del corazón." Bebé, la luz de Dios es parte de tu genética. Fuiste creado a imagen y semejanza de Dios para tener comunicación directa con Él. Dios te desea, eres la obra maestra del Alfarero. Tú eres quien posee la capacidad para conocer los pensamientos del alma y ejercer dominio sobre los mismos. Nosotros, tus padres, te bendecimos con el deleite de saber que eres posesión de Dios y que fuiste creado para darle gloria, traer alegría a su corazón y anunciar las virtudes de Aquel que te está llamando a su luz admirable.

El Embarazo: el mejor tiempo para sumergir a su bebé en oración

Espíritu de nuestro bebé, te bendecimos desde el vientre con la convicción de que tienes el derecho de ejercer un rol primario sobre el alma y la carne. Bebé, te bendecimos con la convicción que eres un ser espiritual que tiene un alma y vive en un cuerpo. Te bendecimos con un espíritu sensible a la voz del Espíritu Santo de Dios y una disposición temprana a invitar a Cristo a que venga a morar contigo. Profetizamos que serás amigo del Espíritu Santo, lo conocerás como tu Ayudador y Consolador, el que te guiará a toda verdad y te hará saber las cosas que habrán de venir. En el nombre de Jesucristo. ¡Amén!

(Isa 64:8, Job 33:4, Ef 2:10, Sal 139:13-17, 40:5, 139, Prov 4:23, Deu 6:5, Prov 4:11, Zac 12:1, Gen 1:26-27, 31, Juan 8:12, Prov 20:27, 1Cor 2:11, 1Ped 2:9, Juan 16:7,13)

Semana 4

Estoy vivo y describo mi desarrollo - Mido cerca del tamaño de un grano de mostaza

Jehová es mi Pastor, nada me faltará. Soy del tamaño de un grano de mostaza. Y así como de todas las semillas, la semilla de mostaza es la más pequeña, pero cuando ha crecido es la mayor de las hortalizas y se hace árbol frondoso. Así sucede con mi formación. Sin embargo, a diferencia de la semilla de mostaza, que tiene que esperar a ser sembrada para comenzar a crecer, una cantidad enorme de cambios están ocurriendo dentro de mí: mi estatura, sexo, el color de mi piel, ojos y cabello ya han sido definidos. Siendo tan pequeño soy capaz de realizar un largo viaje en busca del lugar ideal para ser sembrado. No viajo solo, sino acompañado de Jehová, mi Pastor, por lo tanto, nada me faltará. Él me guiará y me enseñará la senda de la vida, de manera que pueda alojarme en las profundidades del útero de mamá y enraizarme en sus paredes. Una vez que llegue ahí, mis células comenzarán a dividirse en dos grupos; las que formarán la placenta y las que formarán las partes especializadas de mi cuerpo. Mi cerebro, cordón espinal, corazón y otros órganos comienzan a formarse. Dos estructuras que también se desarrollan en este tiempo son el amnios y el saco vitelino. El amnios contiene el líquido amniótico que me recubrirá y protegerá durante mi desarrollo. El saco vitelino producirá sangre y ayudará a alimentarme hasta que la placenta pueda llevar a cabo esta función.

Guía de oración por el desarrollo físico de nuestro bebé

Jehová, Tú eres nuestro pastor, nada nos faltará. Tú guiarás el camino de nuestro bebé hacia la implantación, pues sabemos que todos sus caminos te son familiares. Permite que cada parte de su cuerpo en desarrollo sea como el árbol firmemente plantado junto a corrientes de agua, que da su fruto a su tiempo, su hoja no se marchita y todo lo que hace prospera. Te presentamos las divisiones celulares y los dos grupos a formarse: las que formarán la placenta y las que formarán las partes especializadas de su cuerpo. Te pedimos que la formación de estos dos grupos esté bajo tu cuidado, pues a Ti encomendamos nuestro bebé desde el vientre de su madre. Permite que a medida que su cerebro comienza a desarrollarse, sea como el barro en las manos del alfarero y que Tú seas el Alfarero. Padre, te pedimos que Tú, El SEÑOR, llames a nuestro bebé desde el seno materno, desde las entrañas de su madre menciones su nombre. Que el saco vitelino que producirá sangre y ayudará a alimentarlo sea cubierto por la sangre de Cristo, la cual tiene el poder para limpiarnos de todas las cosas y protegerlo de todo defecto congénito. Declaramos que así como Ezequiel profetizó y mientras profetizaba hubo un ruido y luego un estremecimiento y los huesos se juntaron cada hueso con su hueso, de esta misma manera el cordón espinal de nuestro bebé sea formado por tu Palabra. Permite que su corazón sea saludable, con arterias que sean como manantiales que broten vida. Creemos que, así como el pastor apacienta su rebaño y en su brazo lleva los corderos junto a su pecho y los pastorea con ternura, Tú apacientas la formación de nuestro bebé. Que proteges su cerebro, cordón espinal, corazón y otros órganos de cualquier malformación congénita, ya que fiel es el SEÑOR, quien lo fortalecerá y protegerá del maligno. Sabemos que ya Dios ha hablado a favor de nuestro bebé y ha dicho que habitará cerca de él, lo cubrirá y entre sus hombros morará. ¡Amén!

Guía de oración por el alma de nuestro bebé (emociones-mente-voluntad)

Amado Pastor que pastoreas la formación de nuestro bebé, creemos que mientras nuestro bebé está siendo formado y entretejido en lo profundo del vientre de su madre, Tú lo pastoreas porque formidables y maravillosas son tus obras y nuestras almas lo saben muy bien. Te pedimos que la semilla del amor que has sembrado en su corazón eche raíces. Que por el poder de tu Palabra, esas raíces sean como hilos de bordar que se entretejen sobre su corazón y ocasionan que los latidos de su corazón sean latidos de amor por Ti. Permite que él camine con su rostro inclinado hacia ti. Que su confianza y dependencia estén en Ti, el Buen Pastor. Sabemos que los perversos desde la matriz están desviados, desde su nacimiento se descarrían los que hablan mentiras. Decretamos que ese no será el caso de nuestro bebé sino que, aún desde el vientre, la necesidad de buscar e inquirir tu presencia estará impregnada en su alma. Que te buscará y te encontrará, pues tu Palabra establece que los que te buscan con todo su corazón y con toda su alma te encontrarán. Profetizamos que, de la misma manera que el amor de Dios reinó en el corazón de Jonatán y le llevo aceptar la voluntad de Dios de establecer un nuevo orden, el amor a Dios reine en el corazón de nuestro bebé y dirija sus motivaciones y acciones. Creemos que, así como Jonatán amó a David, nuestro bebé amará a su prójimo. Declaramos la gracia de Dios sobre nuestro bebé y que el Buen Pastor lo guiará por sendas de justicia. Que desde su niñez andará en los caminos de Dios, amará a Dios y le servirá con todo su corazón y toda su alma. Dios será para él como oro y plata escogida. Nuestro bebé se deleitará en el Buen Pastor y alzará a Dios su rostro, orará a Él y Él le escuchará. ¡Amen!

Guía de oración por el espíritu de nuestro bebé

Bebé dirigimos nuestras voces a tu espíritu en el nombre de Jesucristo. Escucha lo que la Palabra de Dios dice sobre ti: "Y creó Dios al hombre a su imagen, a imagen de Dios lo creó; varón y hembra los creó." Y añade: "Antes que te formase en el vientre te conocí, y antes que nacieses te santifiqué." Bebé, eres muy especial, fuiste creado a la imagen del único Dios verdadero y Él tiene planes para tu vida. Tú has estado en su pensamiento desde mucho antes de ser concebido y en su libro de la vida escribió los preciosos planes que tiene para ti. Son planes hermosos, más altos que la tierra; tan altos son que ni siquiera los podemos imaginar. Deléitate, pues Dios te conoce. Ahora mismo, mientras estás en el vientre de tu madre, Dios está velando por ti y ha depositado en tu ser todo lo que necesitarás para que puedas alcanzar lo que Él planificó para ti. Escucha lo que la Palabra de Dios dice sobre como Él te está cuidando: "Jehová es mi pastor; nada me faltará. En lugares de delicados pastos me hará descansar; junto a aguas de reposo me pastoreará." "Pues a sus ángeles mandará acerca de ti, que te guarden en todos tus caminos. En las manos te llevarán para que tu pie no tropiece en piedra." Bebé, Dios te ama y lo único que Él requiere de ti es que lo ames con todas tus fuerzas y todo tu ser. Que tu espíritu sea tierno y sereno como un adorno incorruptible, lo cual es precioso delante de

Dios. Bebé, nosotros te bendecimos con un espíritu semejante al Espíritu Santo que no busca reconocimiento y un espíritu recto delante de Dios, en el nombre de Jesucristo, ¡Amén!

(Sal 23:1,3, Mat 13:32, Sal 16:11, Isa 40:11, 2Tim 3:3, Deut 33:12, Sal 23:1-2, Sal 139:3, 16, Sal 1:3, Jer 18:6b, Isa 49:1, 1Jn 1:7b, Eze 37:7, 1Sam16: 7, Sal 33:15, Prov 4:23, Sal 119:103,173, 175, Sal 22:10, Isa 26:4, Deut 4:29, Sal 51:6, 58:3, Job 22:25-27, Deut 10:12, Gen 1:27, Jer 1:5, Isa 55:9, Sal 91:11-12, 1Ped 3:4)

Segundo Mes

Semanas 5 – 8

Resumen del Proceso del Embarazo

Semana 5: El desarrollo es rápido. Prácticamente toda la estructura y órganos están formados y comenzando a funcionar.
Semana 6: Los latidos del corazón han comenzado. El cordón umbilical se ha desarrollado. El cerebro crece rápidamente.
Semana 7: El rostro del bebé va tomando forma.
Semana 8: Cartílagos, huesos y lengua han comenzado a formarse.

El enfoque de las oraciones será:

Semana	Nombre de Dios	Personaje de la Biblia	Alma	Espíritu
5	Escudo	Juan el Bautista	Gozo	Protección de Dios
6	Dios Celoso	Sifra y Púa	Gozo	Herencia en Dios

El enfoque de las oraciones será (cont.):

Semana	Nombre de Dios	Personaje de la Biblia	Alma	Espíritu
7	SEÑOR de los Ejércitos	Felipe	Gozo	Identidad en Dios
8	SEÑOR santifica	Simeón	Gozo	Identidad en Dios

Fiestas de Israel y el Embarazo

Fiestas de Israel	Embarazo
No aplica	No aplica

Semana 5   *Estoy vivo y describo mi desarrollo – Tengo el tamaño de una semilla de manzana*

Tantas cosas han sucedido desde que fui concebido. Por fin he llegado a mi nueva casita, la que el SEÑOR, mi Escudo, preparó para mí. Soy del tamaño de la semilla de una manzana. Hasta ahora, para el ojo humano, yo parecía una hermosa masa de células, pero a partir de este momento comienzo a tomar una forma específica. Mi tubo neural, que posteriormente formará mi médula espinal y el cerebro, me recorre de arriba a abajo. El bulto que ven en el centro es mi corazón. Las cuatro cavidades de mi corazón ya están funcionando y mi corazón dará sus primeros latidos de amor durante esta semana, marcando así el ritmo de todos los días de mi vida. Cuando a mami le hagan un ultrasonido, escucharán como mi corazón late de amor por ustedes y por mi SEÑOR. "Escudo en derredor mío, mi gloria y el que levanta mi cabeza." El latido de mi corazón será música a sus oídos; un sonido que estoy seguro que se grabará en sus corazones. El cordón umbilical, mi conexión de vida, se está desarrollando. Mis riñones, hígado, sistema gastrointestinal, pulmones y mi cerebro hacen su aparición. Estoy listo para aprender la Palabra de mi Dios. Mis brazos y piernas comienzan a brotar; pronto podré danzar para mi SEÑOR.

Guía de oración por el desarrollo físico de nuestro bebé

SEÑOR, sabemos que aunque el principio de nuestro bebé sea pequeño, su estado final será grande. Gracias por ser su escudo y protector. Te pedimos que perfecciones la formación de su tubo neural; cubre cada nervio con tu presencia. Libra su cordón espinal de cualquier malformación congénita. Protege su sistema gastrointestinal, sus riñones e hígado. Cúbrelos con tu presencia, mientras se desarrollan en el seno materno. Reviste su corazón con tu escudo para que las cavidades responsables de recibir la sangre del sistema venoso y las que hacen que salgan a la circulación arterial, bombeen la sangre con fuerza y vigor. Te pedimos que su corazón siempre marque su ritmo cardíaco a la perfección. Te presentamos su cordón umbilical, su conexión de vida, y decretamos que así como los sacerdotes ataban el pectoral con un cordón azul para que no se desprendiera del efod, de la misma manera Tú asegures el cordón umbilical de nuestro bebé. Sabemos que el Espíritu de nuestro Dios conoce a nuestro bebé y que el aliento del Todopoderoso, que da vida, creará sus pulmones. Cuida, oh Dios, de la formación de sus pies. Declaramos que haces sus pies como de ciervas, capaces de escalar las alturas; que tendrá piernas y brazos bien formados, que le permitirán alzar manos para ti y danzar ante tu presencia. Creemos que por cuanto Tú eres escudo a su alrededor, le librarás del lazo del cazador, de la pestilencia que anda en tinieblas y de la destrucción que hace estragos en medio del día. Con tus plumas le cubres y bajo tus alas halla refugio de toda malformación congénita; escudo y baluarte es tu fidelidad. Refugio y fortaleza nuestra, es el Dios en quien confiamos. ¡Aleluya! Amén.

Guía de oración por el alma de nuestro bebé (emociones-mente-voluntad)

SEÑOR, sabemos que Tú eres la vid verdadera, que nosotros somos las ramas y que éstas reciben su vida de ti. Tu Palabra establece que el gozo del SEÑOR es nuestra fortaleza. Sin tu gozo, desfallecemos ante los afanes del diario vivir. Por lo tanto, te pedimos que seas escudo alrededor de nuestro bebé, y que así como Juan el Bautista saltó de gozo en el vientre de su madre, la semilla del gozo, fruto del Espíritu, germine en el alma de nuestro bebé y lo llene. Permite que tu gozo esté en nuestro bebé y que su gozo sea perfecto. Que aun cuando lleguen los días de aflicción, su corazón, se mantenga firme y que nada ni nadie puedan robarle su gozo en Ti. Te pedimos que nuestro bebé conozca su identidad en Ti y que Tú le hagas conocer los caminos de la vida. Sabemos que el Reino de Dios no es comida ni bebida, sino justicia, paz y gozo en el Espíritu Santo. Por lo tanto, bebé, te bendecimos con el gozo de saber quién eres en Cristo Jesús. Te bendecimos con el gozo de saber que fuiste cuidadosamente seleccionado para cumplir un propósito y que Dios te ha dotado con todo lo que necesitarás para cumplirlo. En el nombre de Jesús. ¡Amén!

Guía de oración por el espíritu de nuestro bebé

Espíritu de nuestro bebé, te hablamos a ti en el nombre de Jesucristo. Escucha atentamente cada palabra que estaremos hablándote, pues queremos alimentarte con la Palabra de Dios, igual que el cordón umbilical estará alimentando tu cuerpo físico. Nuestro deseo es que desde tu concepción, habites bajo el calor de la poderosa Palabra de Dios, con la certeza que el que habita al abrigo del Altísimo morará bajo la sombra del Omnipotente. Bebé, la sombra de Dios fue como un escudo que protegió y guió al pueblo de Israel por el desierto. Nosotros sabemos que en tu vida habrá tiempos de caminar por desiertos, por eso te estamos instruyendo en la Palabra, a fin de que cuando lleguen esos momentos, tu espíritu asuma el liderato sobre tu alma y puedas exclamar que tu Dios es escudo a todos los que a Él se acogen. Amado bebé al igual que el pueblo de Israel, tú no solamente necesitarás de una habitación segura, sino que tu espíritu humano necesita ser alimentado con maná del cielo. Bebé, escucha atentamente con tu espíritu lo que la Palabra dice sobre el pan de vida que Dios ha provisto para ti: "Jesús les dijo: Yo soy el pan de vida; el que viene a mí, nunca tendrá hambre y el que en mí cree, no tendrá sed." Con la potestad de bendecir y la autoridad espiritual que Dios nos ha dado sobre ti, te bendecimos, espíritu de nuestro bebé, con sed y hambre por la Palabra de Dios y un oído espiritual abierto a la Palabra de Dios. Declaramos que desde el vientre, tu espíritu está siendo vivificado y que así como Dios instruyó a Juan el Bautista, tú estás siendo instruido. Declaramos que aún en tus días de desierto, gozosamente anunciarás las maravillas del Dios que es tu Escudo y Protector. En el nombre de Jesús. ¡Amén!

(Sal 3, Sal 139:13, Job 8:7, Sal 139:23 , Pro 4:23, Exo 28:28, Job 33:4, Sal 18:33, Sal 91: 1-6, 2Sam 22:31, Lc 1:44, Jn 6:31,35, 15:11, 16:22, Hch 2:28, Rom 14:17, Neh 8:9, Isa 50:5)

Semana 6   **Estoy vivo y describo mi desarrollo - Mido cerca de 1/4 de pulgada (0.64 cm)**

Los primeros latidos de mi corazón han comenzado y todos son para el Dios que me ama celosamente. Es que mi corazón le pertenece al Dios que sostiene celosamente a sus criaturas. Crezco rápidamente durante esta semana. Mi cordón umbilical se ha desarrollado. Mis ojos, oídos y nariz se están formando, al igual que una abertura la cual será mi boca. Mi corazón ha comenzado a bombear sangre y la mayoría de mis otros órganos están desarrollándose. Los capullos que se han formado en los lados de mi cuerpo, serán mis brazos y piernas. Mi cerebro crece rápidamente. Durante el transcurso de los siguientes meses, mi cerebro desarrollará sobre 100 billones de neuronas. ¡Es que soy un genio en miniatura! Los lentes de mis ojos aparecen, mis fosas nasales están formadas y pronto los nervios que van de mi nariz al cerebro aparecerán. La posición de mi nariz parece acomodarse en su lugar. Mi páncreas ya está equipado para manejar las enzimas digestivas y procesar la insulina que mi cuerpo necesita para funcionar. Mis intestinos están creciendo; inicialmente están localizados fuera de mi cuerpo, cerca de mi cordón umbilical. ¡Qué horror! Gloria a Dios que quien vela celosamente por mí ya hizo provisión para que, antes de que nazca, se acomoden dentro de mí. ¿Se imaginan tratar de cargarme con todos mis intestinos por fuera? Y ni imaginar cómo sería el proceso del cambio del pañal.

Guía de oración por el desarrollo físico de nuestro bebé

Amado SEÑOR, gracias por amar tan celosamente a nuestro bebé. Reconocemos que tus manos, celosamente lo han diseñado y formado. ¡Qué maravilla, que con tan sólo seis semanas, ya su corazón ha dado sus primeros latidos! Asombrosos son tus testimonios, sobrepasan cualquier cosa concebida por el hombre. Te pedimos que en esta fase de formación inicial de su corazón tus manos estén celosamente colocadas sobre él, de tal manera que tenga un corazón saludable todos los días de su vida, capaz de bombear sangre a través de su cuerpo para que limpie y nutra su cuerpo, así como la sangre de Jesús nos limpia en el mundo espiritual. Permite que el desarrollo de su cordón umbilical esté libre de toda torcedura; que sea fuerte como un cordel de tres hilos, que no se rompe fácilmente. Padre, tu Palabra establece que tus ojos miran dentro de la matriz y ve la formación del embrión. Posa tus ojos sobre la formación de sus oídos y ojos, cuida de su audición y permite que su vista sea como la del águila. SEÑOR, extiende tu mano y toca su boca, haz que sea perfecta y que aun a esta temprana edad, pongas palabras en su boca. Te pedimos que santifiques sus brazos y pies. Haz que sus pies sean como de cierva, firmes y capaces de sostener su cuerpo aun en las alturas, que sus brazos sean fuertes y bien formados. Amado Dios, toma el control del rápido crecimiento de su cerebro y las sobre 100 billones de neuronas que se estarán desarrollando. Permite que todo su cerebro sea sustentado por tu amoroso cuidado, de manera tal que cada una de esas neuronas sea saludable y capaz de funcionar a la perfección. Ten un cuidado especial de los lentes de sus ojos, las fosas nasales y los nervios que van de su nariz al cerebro, la posición de su nariz y del desarrollo de sus intestinos. Te pedimos que el Espíritu Santo venga sobre nuestro bebé y que el poder del Altísimo le cubra con su sombra e imparta vida. Protege su páncreas, crea en él un páncreas capaz de manejar eficazmente las enzimas digestivas y la insulina que el cuerpo necesita para funcionar. Que no importa la herencia física que pueda tener, la diabetes le sea algo completamente desconocido. Decretamos que su cuerpo estará libre de cualquier tipo de enfermedad congénita o tendencia a desarrollarlas. ¡Amén!

Guía de oración por el alma de nuestro bebé (emociones-mente-voluntad)

Amado Dios, te presentamos el alma de nuestro bebé y te pedimos que el palpitar de su corazón sea una canción de gozo. No permitas que su corazón se incline a cosas vanas. Bebé, te bendecimos con el gozo de tener la certeza de saber que fuiste creado para nacer en este tiempo en particular. Fuiste diseñado para que tu corazón sea confortado y alentado en amor, a fin de que puedas alcanzar todas las riquezas que proceden de una plena seguridad de comprender de quién eres. Bebé, profetizamos que tienes el gozo de saber que tú has sido bendecido con toda bendición espiritual en los lugares celestiales en Cristo, según Él te escogió en Él antes de la fundación del mundo para que fueses santo y sin mancha delante de Él. Decretamos que eres una poderosa arma en las manos del Dios, que celosamente te creó. Tendrás un carácter gozoso, pero firmemente enraizado en los principios de Dios. Tu voluntad estará sujeta a los mandatos de Dios y tendrás el gozo de ver los planes de destrucción del enemigo, como oportunidades de ser un aliado de Dios para bendecir a otros. Te bendecimos con un carácter como el de Sifra y Púa, las parteras que se atrevieron a desafiar la orden del Faraón y preservaron la vida de los hijos de las mujeres hebreas. Decretamos que de esta misma manera tú sabrás desafiar las corrientes del mundo a fin de vivir según los principios de Dios. ¡Amén!

Guía de oración por el espíritu de nuestro bebé

Amado bebé, en el nombre de Jesucristo llamamos a tu espíritu a atención. Escucha lo que la Palabra de Dios dice: "He aquí, herencia de Jehová son los hijos; cosa de estima el fruto del vientre." Bebé, Dios te llama su heredad y añade que eres de gran estima. Él está velando celosamente sobre ti, ya que Él desea tener comunión contigo. Dios es bueno y ya te bendijo con toda bendición espiritual en los lugares celestiales en Cristo, según te escogió en Él antes de la fundación del mundo, para que fueses santo y sin mancha delante de Él. En amor te predestinó para adopción como hijo suyo, mediante Jesucristo. Todo esto lo hizo gratuitamente. Por pura gracia hizo esta impartición sobre nosotros a través de Jesucristo, su hijo amado. Esa es la gran herencia que cargas sobre ti. Nosotros, tus padres, te bendecimos con la convicción espiritual de comprender cuán grande es la herencia que has recibido en Cristo Jesús, cuán grande es la esperanza de tu llamamiento y las riquezas de la gloria de tu herencia en Cristo Jesús. En el nombre de Jesucristo. ¡Amén!

(Isa 9:7, Sal 119:73a, 129a , Ecl 4:12b, Sal 139:16, Jer 1:9, Isa 44:2, 2Sam 22:34, Lc 1:35ª, Col 2:2-4, Ef 1:3-12, Jer 17:7 Rom 12:15, Sal 127:3)

Semana 7 — Estoy vivo y describo mi desarrollo - Mido alrededor de 1/2 pulgada (1.27 cm)

El SEÑOR de los ejércitos está conmigo; mi baluarte es el Dios de Jacob. Gracias a Él, con tan sólo 7 semanas (realmente son 5) y apenas ½ pulgada, soy todo un personaje. Mis rasgos faciales ya son visibles. Mis brazos ahora tienen en el extremo una mano, que por el momento se asemeja a un pequeño remo. Sí, ya sé, parezco un pequeño extraterrestre, pero eso pronto cambiará, pues soy una obra en proceso. La mano de mi Dios ha sido bondadosa conmigo y estoy convencido precisamente de esto: que el que comenzó la buena obra en mí la perfeccionará. De hecho, el proceso de refinamiento ya ha comenzado. Mi boca, fosas nasales, orejas y ojos son algunos de los rasgos faciales que se vuelven más definidos. En esta semana, los folículos de mi pelo y mis pezones se forman. Mis rodillas y codos se hacen visibles. Mi sistema muscular principal se ha desarrollado; ya puedo moverme y patear. Si pudieran verme, se darían cuenta de que me muevo como todo un karateca; bueno, quizás estoy exagerando. Mis órganos principales, tales como mi cerebro, tracto digestivo, páncreas y pulmones, continúan desarrollándose. Mis ojos tienen su retina y lentes, pero aún no puedo ver. Ya tengo mi propio tipo de sangre. Mis hermosos dientes de leche han comenzado a desarrollarse debajo de mis encías. Durante esta semana se está formado mi cordón umbilical. Este me proporcionará oxígeno y nutrientes y permitirá la eliminación de mis desechos sin necesidad de tener que usar un pañal.

Guía de oración por el desarrollo físico de nuestro bebé

Nuestro bebé cumple siete semanas y por ello te adoramos y te damos gracias, porque sabemos que Tú eres quien le das vida, que no perecerá y no será arrebatado del vientre materno, pues cual poderoso guerrero lo protegerás. ¡Oh, Dios de los Ejércitos!, te pedimos que impregnes tu presencia en su cuerpo físico, para que sea un reflejo de tu amor y belleza. Invocamos tu Palabra sobre nuestro bebé, pues sabemos que tiene poder para limpiar. Padre, te presentamos sus rasgos físicos, que están siendo definidos. Te pedimos que apliques tu cincel y esculpas su boca, fosas nasales, orejas, ojos y cada detalle de sus rasgos faciales. Permite que sus brazos sean perfectamente esculpidos por tu mano de artesano. Dale un tono muscular firme, como columnas de mármol fundadas sobre basas de oro fino. Te pedimos que tengas cuidado especial de la formación de su cerebro, cuida su tubo neural y la división celular que se está llevando a cabo. Te pedimos que sean células saludables, capaces de comunicarse unas con otras y que puedan emigrar a sus destinos. Bendice su tracto digestivo y páncreas. Declaramos que se desarrollan de manera saludable, que nuestro bebé no padecerá de reflujo, alergia a leches ni ningún otro padecimiento digestivo. Dale unos pulmones potentes, capaces de inhalar y exhalar, a fin de poder proclamar a los cuatro vientos que Tú eres su SEÑOR. Te damos gracias porque ya tiene su propio tipo de sangre, lo bendecimos con una sangre saludable y decretamos que nunca tendrá ninguna enfermedad relacionada con la sangre. Dale ojos de águila, protege su retina y el lente que los cubre. Bendecimos sus encías y oramos para que sean saludables. Declaramos que sus dientes serán fuertes, saludables, hermosos, como perlas blancas y perfectamente alineadas. ¡Amén!

Guía de oración por el alma de nuestro bebé (emociones-mente-voluntad)

Oh Dios de los Ejércitos, reconocemos que a nuestro bebé le tocará vivir en un mundo de turbulencia, donde el gozo ha sido sustituido por el afán, la ansiedad y la depresión. Por lo tanto, te pedimos que desde el vientre de su madre, la semilla del gozo, fruto del Espíritu Santo, comience a germinar en todo su ser y lo lleve a ser afectuoso, gozoso en la esperanza, perseverante en el sufrimiento y capaz de llevar tu gozo a otros. Guarda su corazón y revélale que su identidad está en Ti, Jehová de los Ejércitos, quien peleas a su favor. Decretamos que su confianza estará solamente en Ti y que por lo tanto, jamás será confundido. Permite que aprenda a deleitarse en tu presencia y esperar en Ti con la convicción de que Tú le darás las peticiones de su corazón. No permitas que sus emociones sean como las olas del mar que se dejan arrastrar por los vientos, sino que tus preceptos alegren su corazón y alumbren los ojos de su entendimiento. Que se deleite en cumplir tus estatutos y ordenanzas. Que los cumpla con todo su corazón y con toda su alma y con todas sus fuerzas como lo hizo Felipe, quien enseñó las escrituras y llevó a muchos a salvación. Bebé, profetizamos que al igual que él, en el tiempo propicio, tus ojos y oídos espirituales se abrirán para recibir encomiendas especiales de Dios, a través de hermosas experiencias angelicales, las cuales cumplirás con toda prontitud, pasion y dedicación en el nombre de Jesús. ¡Amén!

Guía de oración por el espíritu de nuestro bebé

Bebé, queremos que escuches atentamente con tu espíritu lo que Jehová de los Ejércitos dice sobre ti. Por lo tanto, en el nombre de Jesucristo, dirigimos nuestra voz directamente a tu espíritu para hablarte sobre el futuro glorioso que te espera en Cristo Jesús. La Palabra de Dios dice: "Porque todos los que son guiados por el Espíritu de Dios, éstos son hijos de Dios." Bebé, tú no has recibido un espíritu de esclavitud para vivir en temor, sino que has recibido un espíritu de adopción, por lo cual puedes llamar a Dios Papito. El mismo Espíritu Santo dará testimonio a tu espíritu de que eres hijo de Dios, y si hijo, también heredero; heredero de Dios y coheredero con Cristo. Ser hijo de Dios es la herencia que te espera en Cristo Jesús. Nosotros, tus padres, te bendecimos con una profunda identidad en Cristo Jesús, con la convicción espiritual de que eres muy amado por Dios. Tan amado eres, que ya hizo provisión para tu salvación espiritual y tu regreso a Él, una vez cumplas tus días en la tierra. Te bendecimos con una relación estrecha con tu Papito espiritual, donde tus acercamientos a Él se darán dentro de un ambiente de intimidad, amor y reverencia ante su grandeza, que te llevará a postrarte ante Él y adorarlo como Él desea que lo adoren: en espíritu y en verdad. En el nombre de Jesucristo. ¡Amén!

(Sal 31:1, 37:4, 46:7, Neh 2:18, Fil 1:6, Gen 1:12, Sal 19:8, Rom 12:12, 15, Hch 8:26-39, Rom 8:14-17, Jn 4:24)

Semana 8 **Estoy vivo y describo mi desarrollo - Mido 0.63 pulgadas (1.6 cm) y peso 0.04 onzas (1.0 gr)**

El SEÑOR es el que santifica. ¡Qué maravilla! Mientras en reposo crezco dentro de mamá, mi SEÑOR me santifica y me separa para Él. De la misma manera que percibo sus cuidados sobre mí, ya percibo los sonidos que provienen de dentro y fuera de mi piscina personal, que ustedes llaman el saco amniótico. Es tiempo de que me canten. ¿Por qué no me escriben una nana? También pueden comenzar a grabar en mi mente y corazón una porción de la Biblia, recuerden que la fe viene por el oír y el oír por la Palabra de Dios. ¡Qué maravilla que la audición esté entre los primeros sentidos que Dios estableció que se desarrollaran! Mis cartílagos y huesos han comenzado a formarse. Al finalizar esta semana, ya habré completado una quinta parte de la jornada de mi desarrollo, dentro de la barriguita de mamá. Me gusta mucho tener una piscina personal por casita. Los dedos de mis pies y mis manos han hecho su aparición, pero aún son muy cortos y están entretejidos. Nada de anillos de oro por el momento. Mis brazos pueden flexionar mis codos y muñecas; lo de karate va en serio. Mis ojos se hacen más obvios, ya que han comenzado a desarrollar pigmento en la retina. Mi lengua comenzó a desarrollarse y mis intestinos se acomodan dentro de mi abdomen. Gloria a Dios, eso de tener mis intestinos expuestos no me gustaba. El comienzo de los capullos que se convertirán en mis genitales ha hecho su aparición, pero aún no están lo suficientemente desarrollados como para revelar si soy un niño o una niña. Esto continúa siendo un secreto bien guardado entre mi Creador y yo. Al finalizar esta semana, dejo atrás la etapa donde me llaman embrión; de ahora en adelante me llamarán feto. ¿Sabías que en el lenguaje de la Biblia (hebreo y griego) no existen las palabras embrión ni feto? Es que para mí Creador, desde mi concepción, soy su hechura.

Guía de oración por el desarrollo físico de nuestro bebé

Amado Padre Celestial, gracias por el don de poder escuchar, te pedimos que cuides de la audición de nuestro bebé. Permite que el sonido del corazón de su madre le sea música que le calme y le dé seguridad. Cuida de la formación de sus cartílagos, que servirán como una estructura de soporte y darán cierta movilidad a las articulaciones, además de cubrir las terminaciones óseas de éstas. Te damos gracias porque tu mano poderosa ha estado sobre nuestro bebé y ya ha completado una quinta parte de su jornada de formación y aunque su principio haya sido pequeño, su final aumentará de sobremanera. Te presentamos la formación de los dedos de sus pies y manos. Pedimos que así como con tus propios dedos formaste la luna y las estrellas, formes los de nuestro bebé y coloques cinco dedos en cada pie y mano. Dale dedos bien formados, coyunturas que le permitan flexionar sus codos y muñecas que en conjunto, puedan ser adiestrados y capaces de con sus brazos, quebrar un arco de acero. Te pedimos que así como guardaste todos los huesos de Jesús y ni uno de ellos fue quebrado, guardes los huesos y coyunturas de nuestro bebé. Cubre sus ojos, que sean como ojos de paloma, píntalos con el color de pigmentación de tu preferencia; pero, sobre todo, santifícalos. Aparta sus ojos para que no se fijen en cosas vanas. Gracias por la formación de su lengua. Te pedimos que desde el inicio de su formación la capacites para realizar su función de masticar, tragar, percibir sabores y producir el lenguaje. Te pedimos que cuides de la formación y acomodo de sus intestinos dentro de su abdomen. Gracias por el sexo de nuestro bebé, pues varón o hembra le creaste, en tus manos confiamos la formación inicial de sus genitales que apenas comienzan a aparecer. ¡Amén!

Guía de oración por el alma de nuestro bebé (emociones-mente-voluntad)

Tú eres el Dios que nos santificas; hemos sido creados para la alabanza de tu gloria. Padre te pedimos que santifiques el alma de nuestro bebé. Dale un corazón gozoso, que alegre tu rostro y que a la sombra de tus alas, cante gozoso. Que por la mañana cante gozosamente de tu poder y de tu misericordia, con la certeza que en el día de la angustia Tú serás su baluarte y su refugio. Bendecimos a nuestro bebé con el gozo de recibir revelaciones del Espíritu Santo, así como le pasó a Simeón, quien sabía que no vería la muerte sin antes ver al Salvador. Declaramos que su corazón está en la mano de Jehová, como los arroyos de agua y que amorosamente Él lo inclina hacia donde quiere. Profetizamos que clamará a ti con su boca y que Tú lo escucharás, por cuanto te buscará con todo su corazón. Que será de firme propósito, guardado en perfecta paz, porque en Ti confía. Escuchará la voz de Dios y sabrá confiar y esperar por el cumplimiento de las promesas de Dios. ¡Amén!

Guía de oración por el espíritu de nuestro bebé

Bebé, así como hemos estado orando por tu desarrollo físico y por tu alma, ahora vamos a orar por la parte más importante de todo tu ser, tu espíritu. Por lo tanto, en el nombre de Jesús llamamos a atención tu espíritu. Bebé, escucha con tu espíritu lo que Dios te dice: "Porque de tal manera amó Dios al mundo, que ha dado a su Hijo unigénito, para que todo aquel que en ÉL, cree no se pierda, mas tenga vida eterna. Porque no envió Dios a su Hijo al mundo para condenar al mundo, sino para que el mundo sea salvo por Él. El que cree en Él no es condenado; pero el que no cree, ya ha sido condenado." Bebé, Dios te ama profundamente, mucho más de lo que nosotros jamás podremos amarte. Te ama tanto que te abrió un camino a través de Jesús para que tengas un libre acceso a Él. Bebé, estas cosas que te hablamos a tu espíritu, solamente pueden ser comprendidas por tu espíritu, pues son verdades espirituales que necesitan ser discernidas espiritualmente por ti, con la ayuda del Espíritu Santo, para que luego puedan integrarse a tu corazón y mente. Por el momento, solamente queremos instruirte sobre el hecho que Dios te anhela celosamente, que eres bien importante. Que tienes la capacidad de tener la mente de Cristo para ser instruido y para juzgar todas las cosas. Esto lo harás combinando pensamientos espirituales con palabras espirituales con la ayuda del Espíritu Santo. Por lo tanto, te bendecimos con la bendición de conocer a tu Dios y ser amigo del Espíritu Santo. Declaramos que tienes entendimiento para instruir a muchos. Profetizamos que tendrás una lengua de discípulo, que sabrá sostener con una palabra al fatigado y un oído que mañana tras mañana, se despierta para escuchar las cosas que el Espíritu Santo desea hablarte. Te bendecimos en el nombre de Jesucristo. ¡Amén!

(Ex 31:13, Sal 8:3, 2Sa 22:35, Sal 34:20, Job 8:7, Cant 4:1, Sal 119:37, Gen :1:27, Isa 43:7, Pro 15:13, Sal 63:7, Sal 59:16, Lc 2:26-35, Pro 21:1, Isa 26:3, Sal 66:17, Jn 3:16-18, 1Cor 2:13-16, Dan 11:33, Isa 50:4)

Tercer Mes

Semanas 9 - 13

Resumen del Proceso del Embarazo

Semana 9: El aparato digestivo y los órganos reproductivos internos comienzan su formación. Las coyunturas están formadas. Las huellas digitales están impresas en su piel.

Semana 10: La placenta comenzará a funcionar durante esta semana o la próxima. Entre la semana 9 y 10 (a los cincuenta días), los médicos se refieren al bebé como un feto.

Semana 11: Varios órganos ya están formados y comienzan a funcionar. Los dedos de las manos y los pies están separados y bien formados.

Semana 12: Las cuerdas vocales comienzan a formarse. Los intestinos continúan acomodándose. El hígado comienza a trabajar y el páncreas comenzó a producir insulina.

Semana 13: Continúan desarrollándose los ojos y oídos. Las manos se hacen más funcionales. Es alimentado a través de la placenta.

El enfoque de las oraciones será:

Semana	Nombre de Dios	Personaje de la Biblia	Alma	Espíritu
9	Dios Todopoderoso	Abigail	Fruto de la Paz	Identidad en Dios
10	Dios de toda carne	Daniel	Fruto de la Paz	Identidad en Dios
11	Adonai	Ester	Fruto de la Paz	Identidad en Dios
12	Fiel y Verdadero	Eunice	Fruto de la Paz	Sentidos espirituales
13	Jehová Shalom	Jael	Fruto de la Paz	Sentidos espirituales

Fiestas de Israel y el Embarazo

Fiestas de Israel	Embarazo
Fiesta de las semanas o de Pentecostés Lev 23:16 Hasta el día siguiente del séptimo sábado contaras cincuenta días; entonces ofrecerás grano nuevo a Jehová.	**Desarrollo del bebé** A los cincuenta días de la fecundación, los médicos dejan de referirse al bebé como un embrión y se refieren a él como un feto. El bebé adquiere una apariencia de ser humano.

Semana 9   **Estoy vivo y describo mi desarrollo - Mido cerca de 0.9 pulgadas (2.3 cm) y peso 0.07 onzas (2.0 gr)**

"Y siendo Abram de edad de noventa y nueve años, el SEÑOR se le apareció y le dijo: Yo soy el Dios todopoderoso. Anda delante de mí y sé perfecto."

El Dios Todopoderoso fue quien me formó, y cuando me mira, me mira como cuando miró a Moisés y lo vio hermoso a sus ojos. Así es cómo ustedes deben mirarme, con los ojos del corazón pues, aunque la protuberancia al final de mi médula espinal se ha reducido y ya casi ha desaparecido, mi cabeza está casi pegada a mi pecho y es bastante grande. Les digo que parezco un extraterrestre. La mayoría de mis coyunturas están formadas y me gusta practicar doblar, flexionar y agarrar los dedos de mis manos, de mis pies, orejas y nariz. Aunque quizás aún no puedas sentir mis movimientos sutiles, he comenzado a moverme de un lado a otro y a danzar dentro de mi casita. Soy todo un danzarín. ¡Cuánto quisiera ya poder colocar mis dedos alrededor de los de mamá y de papá! ¿Quién sabe?, quizás en el próximo sonograma de mamá tenga la oportunidad de lucirme, mostrándoles cómo puedo flexionar mis dedos para agarrar. ¡Cómo quisiera que me pudieran ver! La punta de mi nariz se ha desarrollado y puede notarse de perfil. La piel suelta sobre mis ojos ha comenzado a formar mis párpados, los cuales se harán más notables en las próximas semanas. Mi aparato digestivo continúa desarrollándose. Se está formando mi ano y los intestinos aumentan su longitud. Esta semana es muy importante, mis órganos reproductivos internos, como los testículos o los ovarios, comienzan su formación. ¡Algo muy maravilloso ha sucedido! Ya mis huellas digitales están impresas en mi piel. Mis propias huellas, las que el Creador hizo sólo para mí, así como el Todopoderoso me tiene grabado en las palmas de sus manos.

Guía de oración por el desarrollo físico de nuestro bebé

Padre, sabemos que Tú todo lo haces hermoso en tu tiempo, que nuestro bebé es hechura tuya, creado en Cristo Jesús para hacer buenas obras, las cuales Dios preparó de antemano para que anduviera en ellas. Estamos seguros que Tú, nuestro Dios Todopoderoso, te ocuparás de cada detalle de su desarrollo. Te presentamos su médula espinal, responsable de llevar los impulsos nerviosos y de la comunicación entre el cerebro y el resto del cuerpo. Te pedimos una protección divina sobre la misma. Dale tu toque divino, afina cada canal de comunicación y haz que se desarrollen a la perfección. Hablamos la Palabra de Dios sobre nuestro bebé y declaramos que será medicina para sus huesos. Bendice los movimientos de nuestro bebé, permite que tenga agilidad y flexibilidad en sus movimientos y coyunturas. Dale forma a su nariz con tus manos de artesano y permite que tenga una nariz hermosa. Gracias, porque cuidadosamente lo vistes de piel y con la misma cubres sus párpados. Oh, SEÑOR, Tú que ves las entrañas y el corazón, mira todo el aparato digestivo que está en desarrollo. Posa tu visión sobre el mismo y cuida de su formación de manera tal que, desde su concepción hasta su vejez, disfrute de un proceso digestivo saludable. Que pueda comer de todo lo que Tú has creado para nuestra alimentación. Te presentamos sus órganos reproductivos internos y te recordamos tu promesa de que no habrá esterilidad en medio de tu pueblo y la reclamamos sobre los ovarios o testículos que comienzan a desarrollarse.

Gracias por tu originalidad y por haberle dado sus propias huellas digitales. ¡Amén!

Guía de oración por el alma de nuestro bebé (emociones-mente-voluntad)

SEÑOR Todopoderoso, te pedimos que siembres en el corazón de nuestro bebé la semilla de la paz, fruto del Espíritu Santo, para que en medio de un mundo donde reina la incertidumbre tu paz lo sostenga. Te pedimos que esa semilla crezca y que sus raíces sean como un cordón de tres dobleces, que se extiende hacia su mente, emociones y voluntad. Permite que tenga una paz violenta, que reúse ser gobernado por sus emociones y que afirme sus pies sobre el apresto del evangelio de la paz. Que en todo momento se esfuerce por preservar la unidad del Espíritu en el vínculo de la paz, ya que bienaventurados son los que procuran la paz, pues ellos serán llamados hijos de Dios. Decretamos que nuestro bebé será como Abigail, un modelo de diplomacia, prudencia y buen entendimiento. Que cuando sea necesario sepa disculpar la insensatez de los que le rodeen y aplacar la ira de los que están en autoridad. Profetizamos que aunque en el mundo haya tribulación, en su corazón habrá confianza y paz convencido de que no le ha sobrevenido ninguna tentación que no pueda sobrellevar. ¡Amén!

Guía de oración por el espíritu de nuestro bebé

Bebé, dirigimos nuestras voces a tu espíritu, en el nombre de Jesucristo, escucha lo que la Palabra de Dios dice: "Solamente de tus padres se agradó Jehová para amarlos, y escogió su descendencia después de ellos". "Más vosotros sois linaje escogido, real sacerdocio, nación santa, pueblo adquirido por Dios, para que anunciéis las virtudes de aquel que os llamó de las tinieblas a su luz admirable." Bebé, vienes al mundo para ser luz en medio de un mundo que prefiere las tinieblas. Estas cosas no son fáciles de comprender, pero el soplo del Todopoderoso le dará entendimiento a tu espíritu y te ayudará a comprender que fuiste creado para brillar. Bebé, te bendecimos con un conocimiento del corazón de Dios, su Palabra y propósito para tu vida. Te bendecimos con una profunda paz y seguridad en Dios, de manera que a medida que vayas creciendo y madurando, el mundo espiritual se te haga más perceptible. Bebé, profetizamos un encuentro vital y continuo entre tu espíritu y el Espíritu Santo de Dios. Que con el rostro descubierto contemplarás como en un espejo la gloria del SEÑOR, siendo transformado en su misma imagen de gloria en gloria, para que vivas de una manera digna de la vocación con la que has sido llamado. ¡Te bendecimos en el nombre de Jesucristo! ¡Amén!

(Gen 17:1, Hch 7:20, Isa 49:16, Ef 6:15, 2:18, 4:3, Mat 5:9, Jn 16:32-33, Sam 25:3, Deut 10:15, 1Pe 2:9, Mat 5:14, Job 32:8, 2Co 3:18, Ef 4:1, 1Cor 10:13)

Semana 10   **Estoy vivo y describo mi desarrollo – Mido cerca de 1.22 pulgadas (3.1 cm) y peso 0.14 onzas (4.0 gr)**

Jehová, Dios de toda carne, ha protegido mi desarrollo. Ahora los médicos me llaman un feto. Mi Creador me sigue llamando la maravillosa obra de sus manos, su hechura. Es tiempo de darle gracias a Dios. La parte más crítica de mi desarrollo ya está completa. Todos mis órganos vitales se han formado y han comenzado a funcionar juntos. No es probable que anomalías congénitas se desarrollen después de esta semana, pero no dejen de cubrirme con sus oraciones. Me gusta que me canten y me lean de la Biblia. Ahora paso a un período de rápido crecimiento. Tranquilos, yo me las arreglaré para acomodarme en mi casita. Horror, mi cabeza es aproximadamente la mitad de la longitud de mi cuerpo. Gloria a Dios que muy pronto el resto del cuerpo me alcanzará. Interesantemente, a medida que ocurren cambios externos, como la separación de los dedos de los pies y de mis manos y la separación de la protuberancia en la columna, también ocurren cambios internos. Se forman las pequeñas protuberancias dentro de mi boca que crecerán hasta formar mis dientes y en caso de que yo sea un varón, mis testículos comienzan a producir la hormona masculina llamada testosterona. Mis párpados se sellan y el iris comienza a desarrollarse; el color de mis ojos también está siendo determinado en este punto. Me imagino que se preguntan de qué color serán. La placenta de mamá comenzará a funcionar durante esta semana o la próxima. Mamita, tu placenta se encargará de proveer mis nutrientes y de eliminar mis desperdicios.

Guía de oración por el desarrollo físico de nuestro bebé

No tememos por el crecimiento de nuestro bebé, pues Jehová, Dios de toda carne, cuida del él y lo moldea. SEÑOR, te damos gracias por haber cuidado de nuestro bebé durante el período más crítico de su desarrollo. Amado Dios, te pedimos que midas la circunferencia de su cabeza y la lleves al tamaño proporcional a su cuerpo. Gracias por el crecimiento normal de su cuerpo y la desaparición de la protuberancia de la columna. Te seguimos presentando su columna y te pedimos que la hagas fuerte y derecha como los cedros en el Líbano. Cuida de la formación de los dedos de sus pies, dale pies hermosos, que la gente al verlos pueda exclamar: ¡cuán hermosos son tus pies en sandalias! y al ver los dedos de sus manos glorifiquen al Creador ante la hermosura de los mismos. Si es varón, te encomendamos la formación de sus testículos y la producción de testosterona. También te pedimos que durante esta fase de formación, mantengas sus párpados sellados y cuides del iris de sus ojos a la vez que perfeccionas el color de los mismos. Gracias por ser escudo sobre la maravilla de la placenta materna que se está encargando de proveer los nutrientes y de eliminar los desperdicios que nuestro bebé elimina. ¡Amén!

Guía de oración por el alma de nuestro bebé (emociones-mente-voluntad)

Bendito sea Jehová, Dios de toda carne, que conforme a todo lo que prometió, ninguna palabra suya ha fallado de todas las buenas promesas que hizo. SEÑOR, nuestro Dios, creemos que has sembrado la semilla de la paz en el corazón de nuestro bebé y que como desciende de los cielos la lluvia y la nieve y no vuelve allá, sino que riega la tierra, la hace germinar y producir, así es la Palabra tuya que sale de nuestra boca para bendecir a nuestro bebé. Profetizamos que su corazón será como la buena tierra que recibe la Palabra, la entiende y lleva fruto al ciento por uno. Su corazón estará lleno de tu paz, su boca hablará sabiduría, su lengua rectitud y la meditación de su corazón será con entendimiento. Decretamos que será como Daniel, que se mantuvo en todos tus caminos, guardó tus mandamientos, tus estatutos y los preceptos que Tú habías ordenado. Pondrá guarda a su boca y vigilará la puerta de sus labios para que su corazón no se incline a nada malo, no practicará las obras de los que hacen iniquidad ni gustará de sus deleites. Profetizamos que al igual que Daniel, le enseñarás el camino en que debe andar, lo bendecirás con una íntima relación con el Espíritu Santo, quien lo aconsejará en la noche y le dará inteligencia para las ciencias, interpretación de sueños y excelencia en la administración de todo lo que toque. ¡Amén!

Guía de oración por el espíritu de nuestro bebé

Bebé, dirigimos nuestras voces a tu espíritu, en el nombre de Jesús. Escucha atentamente las diferentes cosas que Dios habla sobre ti en su Palabra: "El espíritu de Dios me hizo, y el soplo del Omnipotente me dio vida." "Heme aquí a mí en lugar de Dios, conforme a tu dicho; de barro fui yo también formado." Bebé, fuiste creado por Dios, su aliento te dio vida. Tú le perteneces. Escucha de nuevo lo que Dios dice sobre la creación del hombre: "Entonces dijo Dios: hagamos al hombre a nuestra imagen, conforme a nuestra semejanza; y señoree en los peces del mar, en las aves de los cielos, en las bestias, en toda la tierra, y en todo animal que se arrastra sobre la tierra." "Y los bendijo Dios, y les dijo: Fructificad y multiplicaos; llenad la tierra, y sojuzgadla, y señoread en los peces del mar, en las aves de los cielos, y en todas las bestias que se mueven sobre la tierra." Bebé, escucha atentamente con tu espíritu; cuando Dios hizo la expansión entre la tierra, el mar y el cielo, dijo que era bueno lo que hizo, lo mismo pasó cuando hizo las grandes lumbreras, la vegetación, los monstruos marinos y todas las otras cosas que hizo antes de formar al hombre. Pero en el sexto día, cuando Dios creó al hombre, pasaron dos cosas muy importantes que necesitas saber. Primero, Dios bendijo al hombre para que ejerciera dominio sobre toda la creación; segundo, dijo que lo que había hecho era bueno en gran manera. ¿Escuchaste? en gran manera era buena la formación del hombre y en gran manera era bueno que lo haya bendecido para ejercer dominio sobre toda la creación. Por esta razón, nosotros no hemos cesado de orar por ti y de rogar que seas lleno del conocimiento de la voluntad de Dios en toda sabiduría y comprensión espiritual para que andes como es digno del SEÑOR. Agradándole en todo, dando fruto en toda buena obra y creciendo en el conocimiento de Dios. En el nombre de Jesucristo. ¡Amén!

(Jer 32:27, Gen15:1, Jer 18:6, Cant 7:1, Isa 55:10-11, Mar 4:20, Sal 49:3, 37:31,37:30, 37:29, 32:8, 141:4, 141:3, 2Cr 17:6, I Re 8:58, 8:57, 8:56, Job 33:4, 33:6, Gen 1:26, 1:28, Col 1:9)

Semana 11 **Estoy vivo y describo mi desarrollo – Mido cerca de 1.61 pulgadas (4.1 cm) y peso 0.25 onzas (7.0 gr)**

Adonai, es el SEÑOR que me creó y soy toda una hermosura. Ya no parezco un extraterrestre. Luzco como un perfecto ser humano en miniatura. Eso de miniatura no durará mucho. Estoy creciendo rápidamente y durante las próximas 9 semanas creceré unas 6 pulgadas. Prácticamente toda mi estructura y órganos están formados y comienzan a funcionar. Mis pies están bien definidos, los dedos de mis manos y pies están separados y bien formados. El pelo y las uñas han comenzado a crecer, mis riñones comienzan a trabajar. Los músculos de mis paredes intestinales comienzan a practicar las contracciones que digieren la comida. Mis genitales toman su forma y muy pronto podrán conocer mi sexo a través un ultrasonido. Mientras tanto, sólo mi Creador y yo sabemos si soy un niño o una niña.

Guía de oración por el desarrollo físico de nuestro bebé

Adonai, porque lo vestiste de piel y carne, lo cubriste de huesos y nervios y vida y misericordia le concediste, te adoraremos eternamente. Gracias por la formación de sus pies, brazos y dedos. Profetizamos que están perfectamente formados y que son hermosos, fuertes y diestros. Te presentamos su cabello que está en formación. Creemos que cuidarás de cada pelo así como cuidaste de cada cabello de los hombres que acompañaban a Pablo cuando su barca parecía que iba a naufragar. Dale una cabellera abundante, saludable, lustrosa y manejable. Permite que tenga uñas saludables, libres de enfermedades.

Te presentamos sus riñones, tu Palabra establece que la vida de la carne está en la sangre, por lo tanto, te pedimos que sus riñones puedan purificar efectivamente la sangre de nuestro bebé. Gracias por darle un sistema digestivo saludable, permite que las paredes intestinales sean capaces de digerir eficientemente los alimentos. Reconocemos que Tú escogiste su sexo y nosotros esperamos ansiosamente por saber si varón o hembra le has creado. En cuanto a la formación de sus genitales, sabemos que Tú, el SEÑOR, no abandonas las obras de tus manos y cuidas de la formación de los mismos para que cumplan con tu propósito eterno de que tus hijos sean fecundos y se multipliquen. Creemos que en tu gran misericordia, lo librarás de todo género de enfermedad o maldición generacional que quiera impedir que de sus lomos salgan reyes y sacerdotes. En el nombre de Jesús oramos. ¡Amén!

Guía de oración por el alma de nuestro bebé (emociones-mente-voluntad)

Oh Jehová, SEÑOR nuestro, cuán glorioso es tu nombre en toda la tierra. Te pedimos que sostengas a nuestro bebé en tu paz, conforme a tu promesa, para que viva, esté seguro, continuamente preste atención a tus estatutos y ame tu Palabra. Sabemos que mucha paz tienen los que aman tu ley y nada los hace tropezar. Permite que desde el vientre de su madre sea tu siervo y le des entendimiento para que conozca tus mandamientos y los ame más que al oro, sí, más que al oro fino. Que estime rectos tus preceptos acerca de todas las cosas y aborrezca todo camino de mentira. Que la exposición de tus palabras le impartan luz y le den entendimiento. Que abra su boca y suspire porque anhela tus mandamientos. Afirma sus pasos en tu palabra y que ninguna iniquidad lo domine.

Permite que sus ojos se anticipen a las vigilias de la noche para meditar en tu palabra. Oye su voz conforme a tu misericordia; vivifícalo, oh SEÑOR, conforme a tus ordenanzas. Sabemos que todos tus mandamientos son verdad y que al igual que Ester, nuestro bebé viene al mundo con un propósito divino. Creemos que Tú defiendes, redimes y vivificas a nuestro bebé conforme a tu palabra, a fin de que cumpla a plenitud el propósito para el cual le has creado. ¡Amén!

Guía de oración por el espíritu de nuestro bebé

Espíritu de nuestro bebé, nos dirigimos a ti. Escúchanos, pues queremos alimentarte con la leche pura de la Palabra, para que por ella crezcas para salvación y que desde recién nacido la desees. Hasta ahora hemos usado la Palabra de Dios para hablarte de tu identidad espiritual en Él. Lo especial que eres para Dios, cómo Él te formó a su imagen y semejanza y te bendijo para que ejerzas dominio. En esta semana comenzaremos a hablarte de los dones espirituales con que estás equipado y que necesitan ser desarrollados. Escucha con tu espíritu, bebé. Tu espíritu es el soplo de Dios dentro de ti y que, de la misma forma que el cuerpo físico necesita de los pulmones para vivir, tu espíritu necesita de Dios para ser vivificado. Nosotros te bendecimos con una clara percepción de tu naturaleza espiritual y una total dependencia espiritual de tu Creador. Te anunciamos que tu espíritu es la lámpara del SEÑOR, que escudriña lo más profundo de tu ser. Te bendecimos con la convicción de que la única manera de ser feliz y cumplir el mandato de ejercer dominio sobre la tierra es entregándole tu corazón a Jesús. Te bendecimos con la revelación de Jesús en ti, de toda la expresión de quien Él es, de la autoridad que te da en los cielos y en la tierra para gobernar en el mundo espiritual y en el mundo natural. En el nombre de Jesús. ¡Amén!

(Sal 83:18, Gen 1:27-28, 35:11, Job 10:11b,12ª, Lc 2:52, Hch 27:34, Lev 17:11, Sal 119:165, 159, 154,151, 147-149, 144, 133, 131, 130, 128, 127, 125 , 117, 116, 1Ped 2:2, Job 33:4, Pro 20:27, 23:26)

Semana 12   ***Estoy vivo y describo mi desarrollo - Ahora mido cerca de 2.13 pulgadas (5.4 cm) y peso 0.49 onzas (14.0 gr)***

Mi Creador, el Fiel y Verdadero Dios, ha comenzado a formar mis cuerdas vocales. Estoy deseoso de emitir un cántico nuevo de adoración para Él y que ustedes escuchen mi primer grito de vida. Los hermosos ojos que mi Creador me dio se aproximan uno al lado del otro, mientras ustedes se preguntan de qué color serán y a quién me pareceré. Mis oídos se mueven hacia los lados de mi cabeza. Mis intestinos continúan acomodándose. Mi hígado comienza a trabajar. Esto es importante, pues mi hígado se encargará de limpiar mi sangre, de almacenar y proveer los nutrientes que necesito. Mi páncreas también comenzó a producir insulina.

Guía de oración por el desarrollo físico de nuestro bebé

Levantamos nuestra voz para recordarte que hemos consagrado nuestro bebé a Ti, nuestro Dios Fiel y Verdadero. Te pedimos que así como hiciste con Isaías, que lo llamaste desde el vientre de su madre, desde las entrañas de su madre tuviste memoria de su nombre, tengas memoria de nuestro bebé. Que tus manos formen cada uno de sus órganos, pues tu Palabra establece que Tú no haces acepción de personas. Bendice sus cuerdas vocales, cada pliego de los tejidos elásticos que la forman y permite que el sonido que emitan sea como las cuerdas de un arpa para adorarte y como el estruendo de muchas aguas cuando sea necesario. Cuida del acomodo de sus ojos y oídos, de cada nervio que se va entretejiendo en su cerebro, que sean como raíces junto a una fuente de muchas aguas, que sean alimentados durante todo el proceso para que funcionen a la perfección. Como el salmista decimos: "Tú formaste sus entrañas en el seno de su madre". Creemos que estás formando sus intestinos, que serán capaces de encargarse de extraer los nutrientes de los alimentos, formar las heces y expulsarlas sin ninguna dificultad. Padre, mira su hígado, que apenas comienza a funcionar. Profetizamos que Tú lo perfeccionas y que mientras nuestro bebé tenga aliento de vida, su hígado realizará su función vital de producir anticoagulantes, limpiar la sangre de bacterias y células rojas envejecidas, producir las enzimas que desintoxican, producir bilis, almacenar vitaminas, absorber nutrientes y transformarlos en grasas o glucógeno. Coloca una nueva genética sobre su páncreas, una genética libre de diabetes y todo género de enfermedad. ¡Qué maravilla! Con tan solo 12 semanas, el páncreas de nuestro bebé ha comenzado a producir insulina, la cual controla el nivel de los carbohidratos digeridos o absorbidos. Oh, Dios fiel y verdadero, creemos que igual que cuando recuerdas a Efraín, tus entrañas se conmueven por él para extender tu misericordia, te conmueves por nuestro bebé. En el nombre de Jesús. ¡Amén!

Guía de oración por el alma de nuestro bebé (emociones-mente-voluntad)

Dios verdadero y fiel, sabemos que el Reino de Dios no es comida ni bebida, sino justicia, paz y gozo en el Espíritu Santo. Que la mente puesta en la carne es muerte, pero la mente puesta en el Espíritu es vida y paz. El llamado que nos has hecho es que en cuanto de nosotros dependa, estemos en paz con todos los hombres. Es por esto que te pedimos que la semilla de la paz del Espíritu Santo florezca en el alma de nuestro bebé. Que el Dios de paz reine sobre su vida y sea tan real que, al entrar en cualquier lugar, tenga la capacidad de procurar lo que contribuye a la paz y a la edificación mutua. Que de esta manera, imparta tu paz a todo el que le rodea. Que las circunstancias que vea o emociones que sienta no turben su corazón, ni hagan que sienta miedo, pues la paz que Tú das no es como el mundo la da. Te pedimos que, de la misma manera que la vida de Eunice tuvo una influencia sobre su hijo, la vida de nuestro bebé pueda influenciar la vida de muchos. Que al igual que ella, nuestro bebé esté rodeado de una intensidad espiritual contagiosa, por cuanto Tú abres su mente para que comprenda las escrituras y crea que Tú eres la vid verdadera. Te rogamos que comprenda que tu fruto es mejor que el oro, que el oro puro y que habrán momentos que su Dios tendrá que podarlo para que dé más fruto, pero que la ganancia de ser podado es mejor que la plata escogida. Que anhele caminar en medio de las sendas del derecho con la certeza de que Tú amas a los que te aman. En el nombre de Jesús. ¡Amén!

Guía de oración por el espíritu de nuestro bebé

Espíritu de nuestro preciado bebé, te hablamos a ti en el nombre de Jesucristo. A través de la Palabra de Dios que estamos orando sobre ti, te estamos alimentando con el pan del cielo que Dios ha provisto para ti. El anhelo de nuestros corazones es que el mismo Dios de paz te santifique por completo y que todo tu ser, espíritu, alma y cuerpo sea preservado irreprensible para la venida de nuestro Señor Jesucristo. Ya hemos orado por tus sentidos físicos y estamos convencidos que así como tu cuerpo físico no tiene que hacer un esfuerzo por ser humano, bebé, tu espíritu tampoco tiene que hacer ningún esfuerzo por ser espiritual. Ahora bien, sobre nosotros, tus padres, está la gran responsabilidad de nutrir tus sentidos espirituales de la misma manera que tenemos que alimentar tu cuerpo físico y ayudarte a desarrollar tus sentidos físicos. De hecho la Palabra nos enseña que los sentidos espirituales deben ser ejercitados a fin de poder discernir entre el bien y el mal, y que inicialmente se alimentan con leche espiritual; pero debe llegar un momento cuando puedan digerir alimentos sólidos. La Palabra de Dios es la que te ayudará a ejercitar tus sentidos espirituales. Escucha lo que la Palabra de Dios dice: "Toda la Escritura es inspirada por Dios, y útil para enseñar, para redargüir, para corregir y para instruir en justicia, a fin de que el hombre de Dios sea perfecto, enteramente preparado para toda buena obra." En el nombre de Jesús profetizamos que la Palabra que has escuchado desde el vientre de tu madre se está grabando en tu espíritu. Te bendecimos con la convicción de que la misma es como la lluvia y la nieve que riegan la tierra, haciéndola producir y germinar, dando semilla al sembrador y pan al que come. La misma no volverá atrás vacía sin haber logrado el deseo y propósito para el cual fue enviada. En el nombre de Jesucristo. ¡Amén!

(Rev 19:11, Sal 139:13, Job 10:8, Job 8:17a , Isa 49:1 , Deu 10:17, Jer 31:20, Pro 8:20, Pro 8:19, Pro 8:18, Pro 8:17, Jn 15:5, Jn 15:4, Jn 15:2, Jn 15:1, Lc 24:45, Jn 14:27, Hch 10:36, Rom 15:33, Rom 15:13, Rom 14:18,17, Rom 12:18, Rom 8:6, Jn 6:33, 1Tes 5:23, Heb 5:14, 2Ti 3:16, 17, Isa 55:10, 11)

Semana 13 　　　**Estoy vivo y describo mi desarrollo - Mido cerca de 2.91 pulgadas (7.4 cm) y peso cerca de 0.81 onzas (23.0 gr)**

El SEÑOR es mi paz. He descubierto cómo inhalar y exhalar. Es una maravilla que pueda hacer eso rodeado del líquido amniótico de mamá. Mis ojos y oídos continúan desarrollándose. Mi cuello va creciendo. Mis manos se van haciendo más funcionales. A veces me divierto jugando con el puño de mi mano. Toda mi alimentación la recibo directamente de la placenta de mamá. Mi corazón late dos veces más rápido que el de mamá. Es que los latidos de mi corazón son primero para mi Dios y después para ustedes, mis amados padres. Es muy posible que los puedan escuchar en la próxima visita al médico.

Guía de oración por el desarrollo físico de nuestro bebé

Tú eres Jehová Shalom, nuestra paz, por lo tanto no se turbará nuestro corazón. Nuestro bebé te pertenece y del cuidado de su formación Tú te has encargado. Sabemos que el Espíritu de Dios hizo nuestro bebé y la inspiración del Omnipotente le dio vida y cuidas de su proceso de inhalar y exhalar. Protege el desarrollo de sus ojos y oídos y tráeles secretamente tu Palabra. Permite que su oído perciba tu susurro y que tu Palabra alumbre sus ojos. Haz su cuello como la torre de David, edificada para exhibir los escudos de los guerreros valientes. Capacita sus manos en desarrollo para que así como en los tiempos antiguos adiestraste las manos para manejar la espada eficazmente, adiestres las manos de nuestro bebé para cumplir tu propósito en su vida. Gracias

Padre, porque podemos reposar sabiendo que has cercado la placenta, de donde nuestro bebé recibe toda su alimentación, con tu benevolencia. Te pedimos que seduzcas su corazón y que, como parte de esos primeros movimientos de sus manos, nuestro bebé lleve sus manos a sus labios para tirarte besos de amor. ¡Amén!

Guía de oración por el alma de nuestro bebé (emociones-mente-voluntad)

¡Shalom, Shalom! Tú eres el SEÑOR de la paz. Dios de paz, te pedimos que le concedas paz a nuestro bebé en todas las áreas de su vida de manera tal que tenga la capacidad de llevar de Tu paz a aquellos que la carecen. Que tenga la certeza de saber que su Dios es Dios de paz, no de confusión y que pronto aplastará a Satanás debajo de sus pies. Profetizamos que, al igual que Jael, quien fue utilizada por Dios para emitir juicio contra la vida de Sísara, el cruel opresor de Israel, nuestro bebé será utilizado por Dios para emitir juicio contra el enemigo. Decretamos que, aunque un ejército acampe contra nuestro bebé, no temerá su corazón; aunque contra él se levante guerra, estará confiado. Sus emociones no estarán guiadas por los impulsos del alma, sino por el celo de Dios y la dirección del Espíritu Santo. Creemos que habitará en tu casa todos los días de su vida para contemplar tu hermosura y para meditar en tu templo. Su vida será más radiante que el mediodía y que hasta la oscuridad le será como la mañana. Cuando mire a su alrededor, sabrá que hay esperanza en Dios. Podrá descansar seguro sin que nada ni nadie le atemorice y muchos procurarán su favor. Jehová Shalom, nuestra paz, en el nombre de Jesús te pedimos que santifiques a nuestro bebé en todo su ser; que su espíritu, alma y cuerpo sean preservados irreprensibles para la venida de nuestro SEÑOR Jesucristo. ¡Amén!

Guía de oración por el espíritu de nuestro bebé

Amado bebé, en el nombre del SEÑOR Jesucristo, llamamos a tu espíritu a atención, pues desde el vientre de tu madre queremos ayudarte a ejercitar tus sentidos espirituales. Deseamos instruirte en el camino de Dios a fin de que, desde la niñez, conozcas las Sagradas Escrituras, las cuales te pueden dar la sabiduría que lleva a la salvación mediante la fe en Cristo Jesús. Bebé, escucha con tu espíritu el poder de lo que estamos orando sobre ti. Toda la Escritura es inspirada por Dios y útil para enseñar, para reprender, para corregir y para instruir en justicia y hacer que el hombre de Dios sea perfecto, enteramente instruido para toda buena obra. Nosotros decretamos que la Palabra de Dios te está instruyendo y que tú persistes en las cosas que has aprendido desde el vientre de tu madre. Llegarás a estar enteramente preparado para cumplir tu propósito en Dios. Profetizamos que, en el tiempo de Dios, tus ojos espirituales serán abiertos para ver el trabajo que Dios, específicamente, te ha dado para que en él te ocupes. Que Él te enseña para tu beneficio; te conduce por el camino en que debes andar y te lleva a predicar la palabra con gran insistencia a tiempo y fuera de tiempo. Predicarás una palabra que redarguye, reprende y exhorta con mucha paciencia e instrucción. En el nombre de Jesús. ¡Amén!

(Jue 6:24, Jn 14:27, Job 33:4, Job 4:12, Sal 19:8b, Cant 4:4, 3:8, Sal 5:12, Job 31:27, 1Tes 5:24, 5:23, Job 11:19, 11:18, 11:17, Sal 27:4, 27:3, Ef 2:14, 1Co 14:33, Rom 16:20, 2Tes 3:16,Heb 5:14, Pro 22:6, 2Tim 3:17, 3:14, Ecl 3:11, 3:10, Isa 48:17, 2 Tim 4:2)

Cuarto Mes

Semanas 14 - 17

Resumen del Proceso del Embarazo:

Semana 14: La tiroides comienza a producir hormonas. Si es varón, la glándula de la próstata comienza a desarrollarse, si es niña, los ovarios se mueven del abdomen a la pelvis.

Semana 15: Los huesos están más fuertes. La piel está cubierta de lanugo. El pelo ha comenzado a brotar.

Semana 16: Los genitales ya están lo suficientemente desarrollados para saber su sexo.

Semana 17: Si es varón, la próstata y el pene continúa desarrollándose. Los cartílagos se van transformando en huesos.

El enfoque de las oraciones será:

Semana	Nombre de Dios	Personaje de la Biblia	Alma	Espíritu
14	SEÑOR Dios	Noé	Fruto de la Paciencia	Oídos espirituales
15	Eterno Dios	Job	Fruto de la Paciencia	Oídos espirituales
16	Fiel y Verdadero	Ana, madre de Samuel	Fruto de la Paciencia	Oídos espirituales
17	Creador	Zacarías	Fruto de la Paciencia	Intimidad con Dios

Fiestas de Israel y el Embarazo

Fiestas de Israel	Embarazo
No aplica	No aplica

Semana 14   *Estoy vivo y describo mi desarrollo - Mido cerca de 3.42 pulgadas (8.7 cm) y peso 1.52 onzas (43.0 gr)*

Así como el SEÑOR Dios hizo la tierra y los cielos, ha hecho que mi tiroides se madure y comience a producir hormonas. Varón o hembra, mi SEÑOR Dios me creó. Si soy un niño mi próstata comienza a desarrollarse, si soy una niña mis ovarios se mueven del abdomen a la pelvis. Es posible que sepa cómo chuparme el dedo. ¡Les digo que soy todo un genio! Mis huesos cada día se fortalecen y se hacen más fuertes. Mi piel se cubre de una capa fina de vello llamada lanugo; es la manera creativa que mi Dios se inventó para proteger mi piel mientras floto dentro de mi casita en la barriga de mamá.

Guía de oración por el desarrollo físico de nuestro bebé

Oh SEÑOR Dios, posa tus ojos sobre la tiroides de nuestro bebé, responsable de regular el metabolismo de su cuerpo. Permite que tu poder la cubra con su sombra a fin de que la libre de todo tipo de enfermedad hormonal. Te pedimos que seas SEÑOR sobre sus órganos reproductivos; que los protejas durante esta etapa del desarrollo y que los santifiques, por cuanto nuestro bebé te pertenece. Profetizamos que su cuerpo físico te pertenece y será el templo del Espíritu Santo. Nuestro hijo o hija guardará su cuerpo de la fornicación y de cualquier otro pecado sexual. SEÑOR, así como no sabemos cuál es el camino del viento, tampoco sabemos cómo se forman los huesos en el vientre de la mujer encinta; por eso dependemos de tu señorío para la protección de la formación y fortalecimiento de los huesos de nuestro bebé.

Profetizamos que a causa de tu Señorío, tendrá huesos fuertes y saludables desde su concepción hasta su vejez. SEÑOR, te damos gracias por el lanugo que cubre y protege su piel. Te pedimos que le des una piel saludable y resplandeciente. Que aún mientras se encuentra en el vientre de su madre, tenga encuentros contigo que hagan que su piel resplandezca como resplandeció la de Moisés después que hubo hablado contigo. En el nombre de Jesús. ¡Amén!

Guía de oración por el alma del bebé (emociones-mente-voluntad)

SEÑOR Dios, nuestra oración es que los ojos del corazón de nuestro bebé sean iluminados. Que conozca cuál es la esperanza de su llamamiento, cuáles son las riquezas de la gloria de su herencia en Ti. Cuál es la extraordinaria grandeza de tu poder para con nosotros los que creemos, conforme a la eficacia de la fuerza de tu poder. Te pedimos que la semilla de la paciencia dé fruto en abundancia a fin de que, por medio de la paciencia y del consuelo de las Escrituras, tenga esperanza en el Dios de la paciencia y del consuelo. Que viva una vida de integridad y verticalidad como lo hizo tu siervo Noé en medio de un mundo muy parecido al nuestro, donde el hombre ha corrompido su camino sobre la tierra y reina la violencia. Haz que no se conforme a lo que le rodea, sino que de manera racional, tenga un entendimiento renovado y que se guarde como un sacrificio vivo, santo y agradable a Ti, para que cuando haya hecho tu voluntad, disfrute de tus promesas. Que sepa confiar calladamente y esperar con paciencia. Que no se irrite a causa del que prospera en su camino o por el hombre que lleva a cabo sus intrigas. Que deje a un lado la ira, abandone el furor y no se incline a hacer lo malo, sabiendo que los malhechores serán exterminados, más los que esperan en el SEÑOR poseerán la tierra. SEÑOR Dios, permite que nuestro bebé halle gracia a tus ojos y que su vida sea como la de Noé, quien aceptó tu llamado de construir un arca y pacientemente trabajó 120 años sin desenfocarse. En el nombre de Jesús. ¡Amén!

Guía de oración por el espíritu del bebé

Espíritu de nuestro bebé, te hablamos a ti en el nombre de Jesucristo. Escucha lo que dice la Palabra de Dios: "Mis ovejas oyen mi voz, Yo las conozco, y me siguen." Dios ha determinado que sus hijos lo puedan escuchar. ¡Qué Dios tan maravilloso es éste que nos permite escuchar su voz y seguirlo! La Palabra de Dios tiene mucho que decir sobre el oír; de hecho, establece que la fe es por el oír, y el oír, por la palabra de Dios". Tus oídos espirituales son muy importantes y mientras estés en el vientre de tu madre te estaremos leyendo la Palabra de Dios y hablándote de Él. Creemos que esta Palabra está siendo sembrada en tu corazón y que no serás sólo un oidor de la Palabra, sino que conocerás personalmente al Dios de tus padres, le entregarás tu corazón y vivirás para Él. En el nombre de Jesús te bendecimos con amor por la Palabra de Dios y un deseo ardiente por escuchar la voz de Dios. Declaramos que tú sabrás escuchar la voz de Dios, esperar y guardar silencio para oír su consejo. Lo que escuches traerá convicción a tu corazón y te llevará a alzar la voz a Dios y decir: "oh SEÑOR, Tú eres el que hiciste el cielo y la tierra, el mar y todo lo que en ellos hay, a ti y solo a ti serviré." ¡Amen!

(Gen 2:4, Lc 1:35, 1Co 6:18 – 20, Ecl 11: 5, Exo 34:29, Sal 37:9, 37:8, 37:7, Rom 12:2, 12:1, Gen 6:13, Heb 11:6, Ef 1:19, 1:18, Rom 15:4, 15:5, Heb 10:36, Jn 10:27, Rom10:17, Job 29:21, Hch 4:24)

Semana 15 *Estoy vivo y describo mi desarrollo - Mido cerca de 3.98 pulgadas (10.1 cm) y peso unas 2.47 onzas (70.0 gr)*

El Eterno Dios continúa cuidando de mí. Mis piernas han crecido y ahora son más largas que mis brazos y mi cuerpo es ahora más largo que mi cabeza. Les alegrará saber que constantemente, estoy moviendo mis manos y mis pies. Quizás mamá sienta unos movimientos de aleteos en su barriguita: soy yo. Mis huesos están más fuertes. Ya puedo patear, voltear y doblarme y todo esto sin haber tomado clases de Karate. Mamá, si no sientes aún mis movimientos, no te preocupes, yo no pienso dejar de moverme y creo que llegará el día que me pedirás que me aquiete. También puedo sonreír, fruncir el ceño, hacer muecas, agarrar y hasta puedo chupar mi dedo. ¿Acaso no están impresionados con todo lo que puedo hacer? Mi piel aún es sumamente fina, por lo tanto mis vasos sanguíneos están visibles. Los tres huesos pequeños del oído medio han comenzado a endurecerse. El centro auditivo de mi cerebro aún no se ha desarrollado, por lo tanto quizás aún no puedo distinguir claramente lo que escucho, pero mi capacidad de oír se está desarrollando. Ya tengo cejas y hasta el pelo me ha comenzado a brotar. Me imagino que se preguntan de qué color será mi pelo.

Guía de oración por el desarrollo físico de nuestro bebé

Oh Dios Eterno, gracias por cuidar del crecimiento de nuestro bebé y de las proporciones de cada parte de su cuerpo. Nos asombra saber cómo, siendo tan pequeño, le has dado la capacidad para moverse con todas sus fuerzas. Esperamos con gran expectativa por el momento cuando tendremos el deleite de sentir por primera vez sus movimientos. Gracias, Dios Eterno, por darle la capacidad de sonreír, fruncir el ceño, hacer muecas, agarrar y hasta poder chupar su dedo. Creemos que, desde el vientre, Tú llenas de risa su boca y sus labios de gritos de júbilo. Gracias por cubrirlo con piel. Declaramos que su piel es saludable y se continuará transformando hasta tener el espesor indicado. Declaramos que sus huesos son fuertes como el acero y sus miembros como barras de hierro. Dios Eterno, tú Palabra establece que tus ovejas oyen tu voz, la conocen y te siguen. El anhelo de nuestros corazones es que nuestro bebé te conozca desde el vientre de su madre; por lo tanto, te pedimos que tu sombra creativa cubra el centro auditivo de su cerebro aún en desarrollo y que le grabes tu voz. Mira el crecimiento inicial de su cabello y permite que sea suave como la seda y abundante como los racimos de dátiles. ¡Amén!

Guía de oración por el alma de nuestro bebé (emociones-mente-voluntad)

Dios Eterno, tu eres nuestro refugio y sabemos que tus brazos eternos sostienen a nuestro bebé. Eterno Dios, tu Palabra establece que: "mejor es el fin del negocio que su principio; mejor es el sufrido de espíritu que el altivo de espíritu." Por eso es que te pedimos que el fruto de la paciencia florezca en el alma de nuestro bebé. Sabemos que por Jehová son ordenados los pasos del hombre y Él aprueba su camino. "Cuando el hombre cayere, no quedará postrado, porque Jehová sostiene su mano." Dios Eterno, te pedimos que así como Job supo pacientemente esperar en Ti durante sus años de fuerte tribulación y Tú guiaste sus pasos, la semilla de la paciencia dé su fruto y nuestro bebé sepa esperar en Ti con la convicción que Tú estás velando su caminar por este mundo y ordenando sus pasos. Profetizamos que, guiado por tu mano, las tribulaciones que toquen su vida producirán paciencia, y la paciencia, carácter probado, y el carácter probado, esperanza, y la esperanza no desilusiona, porque el amor de Dios ha sido derramado en su corazón por medio del Espíritu Santo que le fue dado. ¡Amén!

Guía de oración por el espíritu de nuestro bebé

Nuestro muy amado bebé, en el nombre de Jesucristo, hablamos ahora a tu espíritu. Escucha atentamente con tu espíritu lo que dice la Palabra de Dios: "El que habita al abrigo del Altísimo, morará bajo la sombra del Omnipotente." Bebé, a través de nuestras oraciones a Dios hemos intentado hacer del vientre de tu madre un santuario, a fin de que te desarrolles bajo la sombra de Dios. Por medio de la oración, hemos querido cobijarte y prepararte para enfrentar el mundo. Esta porción de la Palabra de Dios te describe el mundo donde vendrás a vivir: "Hijo de hombre, tú habitas en medio de casa rebelde, los cuales tienen ojos para ver y no ven, tienen oídos para oír y no oyen, porque son casa rebelde." Bebé, nosotros decretamos que tú no te conformarás a las costumbres de este mundo, sino que la luz de Dios brilla sobre ti y comprendes que mejor es oír la represión del sabio que oír la canción de los necios. Tus oídos se cerrarán a las palabras necias del mundo y por el contrario, por la mañana oirás la misericordia de Dios. Tu confianza estará en Él y de tu boca saldrá el siguiente clamor: Enséñame, oh Dios, el camino por el que debo andar, pues a Ti elevo mi alma. Líbrame de mis enemigos, oh SEÑOR; en Ti me refugio. Enséñame a hacer tu voluntad porque Tú eres mi

Dios; tu buen Espíritu me guíe a tierra firme. En el nombre de Jesús decretamos esto sobre ti. ¡Amén!

(Deut 33:7, Rom 5:3-5, Sal 37:24, Ecl 7:8, Deu 33:27, Sal 91:1, Eze 12:2, Ecl 7:5, Sal 143:8, Isa 143:9, Sal 143:10)

Semana 16 **Estoy vivo y describo mi desarrollo - Mido cerca de 4.57 pulgadas (11.6 cm) y peso cerca de 3.53 onzas (100 gr)**

Hasta esta semana es probable que los únicos que saben mi sexo seamos Jesucristo, el Testigo Fiel, y yo. Sin embargo, si no me pongo tímido, quizás en esta semana descubran mi sexo. Mis genitales ya están lo suficientemente desarrollados para descubrirlo durante un ultrasonido. También es posible que puedan escuchar los pequeños latidos de mi corazón con un monitor externo. Mi corazón ya bombea 6 galones de sangre cada día y late al doble de la rapidez del de mamá. He aprendido a respirar "debajo" del agua. Al inhalar y exhalar ayudo a mis pulmones a desarrollarse. Estoy adquiriendo grasa debajo de mi piel, lo cual me provee aislamiento para los meses venideros. Continúo creciendo y puedo, con mucho orgullo, sostener erguida mi cabeza y mi cuello. Ya soy todo un campeón. Esto lo ha hecho Dios, que es mi escudo, mi gloria y el que levanta mi cabeza. ¡Aleluya!

Guía de oración por el desarrollo físico de nuestro bebé

Amado Dios, Fiel y Verdadero, gracias por el sexo que has escogido para nuestro bebé y por los propósitos que tienes para su vida. Te presentamos su corazón, el que Tú formaste y te pedimos que le des un corazón saludable, capaz de bombear su sangre y latir con la fuerza que necesita hacerlo. Permite que, mientras oramos por nuestro bebé usando tu Palabra, se grabe en su corazón. Gracias por cubrir su cuerpo con piel y por la grasa que se acumula debajo para regular la temperatura de su cuerpo. Creemos que Tú eres su respirar. Que fortaleces sus pulmones y los preparas para la vida fuera de la matriz de su madre. Gracias por darle un cuello fuerte como la torre de David, edificada con hileras de piedras. Te presentamos el desarrollo de sus órganos sexuales y declaramos que como Dios Fiel y Verdadero que eres, Tú cuidas fielmente del desarrollo de los mismos y que no tendrán ningún tipo de anomalía. Que desde su nacimiento estará identificado con el género sexual con el cual le creaste. ¡Amén!

Guía de oración por el alma de nuestro bebé (emociones-mente-voluntad)

Dios Fiel y Verdadero, te pedimos que nuestro bebé sepa esperar en Ti pacientemente así como Ana, la madre de Samuel, supo esperar pacientemente en Ti, a pesar de la actitud de Penina, quien insistía en irritarla, enojarla y entristecerla porque no podía tener hijos. Dios Fiel y Verdadero, te pedimos que guardes su corazón y sus pies de ser apresados por la impaciencia. Dale un corazón apacible, que sea vida para el cuerpo; lento para la ira y de gran prudencia como el de Ana ante la actitud del sacerdote, quien la calumnió injustamente. Bendecimos a nuestro bebé con la sabiduría de esperar, con la confianza de saber que en reposo, será salvo; en quietud y confianza está su poder y que al de firme propósito Tú lo guardarás en perfecta paz porque en Ti confía. Bebé, te bendecimos con un corazón apacible que no rechaza la disciplina ni aborrece la represión del Dios Fiel y Verdadero. Que comprende que el SEÑOR a quien ama reprende, como un padre al hijo en quien se deleita. Oh Dios Fiel y Verdadero, te pedimos que nuestro hijo sepa esperar pacientemente en Ti con un corazón dispuesto. ¡Amén!

Guía de oración por el espíritu de nuestro bebé

Bebé, llamamos a atención a tu espíritu en el nombre de Jesucristo. Escucha lo que la Palabra de Dios te dice: "Así ha dicho Jehová, redentor tuyo, el Santo de Israel: Yo soy Jehová Dios tuyo, que te enseña provechosamente, que te encamina por el camino que debes seguir." Bebé, nuestra esperanza es que cada palabra que hemos orado sobre ti se siembre en tu corazón y dé fruto. Que desde tu niñez, declares lo que has oído. Que Dios te revele sus cosas ocultas y no conocidas. Que tú te levantes como su trompeta en medio de un mundo donde reina la oscuridad, para anunciar a Jesucristo, el testigo fiel, el primogénito de los muertos y el soberano de los reyes de la tierra. El que nos ama y nos libertó de nuestros pecados con su sangre e hizo de nosotros reyes y sacerdotes para su Dios y Padre. Bebé, en el nombre de Jesús declaramos que Dios es el que te enseña para tu beneficio y que te conduce por el camino que debes caminar. Profetizamos que tu corazón recibe todas las palabras de Dios que estamos orando sobre ti, para que tu mente sea abierta y comprendas las Escrituras; a fin de que no te adaptes a este mundo sino que seas transformado mediante la renovación de tu mente, para que compruebes cuál sea la buena voluntad de Dios, agradable y perfecta. ¡Amén!

(Apoc 1:5, Sal 33:15, Job 27:3, Can 4:4, 1Sa 1:6, Pro 3:11, 3:12, Isa 48:17, Apoc 1:6, Eze 3:10, Luc 24:45, Rom 12:2, Sal 3:3)

Semana 17
Estoy vivo y describo mi desarrollo - Mido cerca de 5.12 pulgadas (13 cm) y peso alrededor de 4.94 onzas (140 gr)

Como el barro en las manos del alfarero, he sido moldeado por mi Creador, los miembros de mi cuerpo están en proporción a mi cuerpo y ya tengo la apariencia de un bebé. Los dedos de mis manos y pies se están acojinando y los cartílagos de mi esqueleto se van convirtiendo en huesos. Mis huesos se mantienen flexibles a fin de poder facilitar mi viaje a través del canal que me llevará hacia los brazos de mis amados padres. Maravillosas son las obras de mi Dios, lo alabaré desde el vientre hasta las canas. Puedo sostener mi cabeza en alto, mis ojos miran hacia el frente, pero aún permanecen firmemente cerrados. Si soy un varón, mi próstata y pene continúan desarrollándose. Mi cordón umbilical se hace más grueso y fuerte y continúa enviando sangre y nutrientes para ayudarme a crecer. Preparen los pañales porque mis intestinos ya acumulan lo que será mi primera caquita.

Guía de oración por el desarrollo físico de nuestro bebé

Te damos gracias, Amado Creador, por haber cuidado del renuevo de nuestras entrañas, porque los miembros de su cuerpo ya están en proporción y tiene la apariencia de un bebé, varón o hembra. Si es un varón, te pedimos que continúes protegiendo el desarrollo de su pene y próstata responsable de la producción del líquido seminal que protege y nutre a los espermatozoides contenidos en el semen. Amado Creador, te pedimos que los cartílagos de su esqueleto que han de convertirse en huesos, sean como la hierba que reverdece en tus manos. Te exaltamos, pues sabemos que su cuerpo no ha sido encubierto de Ti, aunque fue hecho en secreto y entretejido en lo profundo. Gracias por sostener su cabeza. Creemos que su cuello es como las vigas de cedro. Te pedimos que su cordón umbilical, su línea de vida, sea como el cordón de grana que sirvió para guardar la vida de Rahab y su familia. Permite que se haga fuerte y supla lo nutrientes que necesita y que no se enrede alrededor de su cuello al momento de nacer. ¡Amén!

Guía de oración por el alma de nuestro bebé (emociones-mente-voluntad)

Y brotará un retoño del tronco de Isaí y un vástago de sus raíces dará fruto. SEÑOR, Tú eres el tronco que ha dado fruto y te pedimos que la raíz de la paciencia, fruto del Espíritu Santo, alimente el alma de nuestro bebé como alimentó al sacerdote Zacarías, quien te sirvió diligentemente y andaba irreprensiblemente en todos tus mandamientos. El tiempo que le ha tocado vivir será uno donde se espera que todo suceda de manera apresurada, muy diferente a como Tú acostumbras a operar. Es por esto que te pedimos que le ayudes haciendo el depósito de la paciencia en su vida. Ayúdale a ver como Tú, siendo Dios Todopoderoso te tomaste tu tiempo para crear la tierra. Que hay un tiempo para cada cosa y todo lo has hecho hermoso. Te pedimos que la mente y emociones de nuestro bebé puedan encarnar tu paciencia y carácter. Dale un corazón enseñable. Que preste atención a tus palabras. Inclina su oído a tus razones, que no se aparten de sus ojos y que las guarde en medio de su corazón, porque son vida para los que las hallan y salud para todo su cuerpo. Ayúdalo para que al igual que Zacarías, con toda diligencia guarde su corazón porque de él brotan los manantiales de la vida. Que aparte de su boca la perversidad y se aleje de los labios falsos. Miren sus ojos hacia adelante y que su mirada se fije en lo que está frente a él. Que esté atento al sendero de sus pies para que todos sus caminos sean establecidos, que no se desvíe a la derecha ni a la izquierda y que aparte su pie del mal. ¡Amén!

Guía de oración por el espíritu de nuestro bebé

Bebé, seguimos orando por la parte más importante de tu ser: tu espíritu. Por lo tanto, en el nombre de Jesús, llamamos a atención tu espíritu. Bebé, escucha con tu espíritu lo que la Palabra de Dios nos enseña: "Como el Padre me ha amado, así también Yo os he amado; permaneced en mi amor. Si guardareis mis mandamientos, permaneceréis en mi amor; así como Yo he guardado los mandamientos de mi Padre, y permanezco en su amor. Estas cosas os he hablado, para que mi gozo esté en vosotros, y vuestro gozo sea cumplido." Bebé, te bendecimos con una vida de intimidad espiritual con Dios. Con un conocimiento pleno de que en todo has sido enriquecido en Él. Esto es, en toda palabra y en todo conocimiento de manera que ninguno de los dones de Dios te falten y permanezcas esperando ansiosamente la revelación de nuestro SEÑOR Jesucristo, el cual te confirmará hasta el fin, para que seas irreprensible. Fiel es Dios por medio de quien fuiste llamado a la comunión con su Hijo Jesucristo, SEÑOR nuestro. Bebé, te bendecimos con un conocimiento espiritual de las riquezas de su gloria y con ser fortalecido con poder por su Espíritu en tu hombre interior, de manera que Cristo more por la fe en tu corazón. Que arraigado y cimentado en amor, seas capaz de comprender con todos los santos cuál es la anchura, la longitud, la altura y la profundidad de su amor, y de conocer que ese amor sobrepasa el conocimiento, para que así seas lleno de Él hasta la medida de toda la plenitud de Dios. En el nombre de Jesús. ¡Amén!

(Gen 1:27, Cant 1:17, Sal 139:15, Jos 2:18, Isa 66:14, Lc 1:6, Pro 4:27, 4:26, 4:25, 4:24, 4:23, 4:22, 4:21, 4:20, Isa 11:1, Jn 15:9, 15:10, 15:11, 1Co 1:5, 1:7, 1:8, 1:9, Ef 3:16, 3:17, 3:1)

Quinto Mes

Semanas 18 – 21

Resumen del Proceso del Embarazo

Semana 18: Los pulmones continúan formándose. Las cuerdas vocales están formadas.

Semana 19: Los nervios que atraviesan el cuerpo están siendo forrados con una sustancia que los protege y permite que los impulsos neurológicos fluyan suavemente. Comienza a formarse los órganos reproductivos.

Semana 20: Se están desarrollando las células para el tacto, olfato, audición, vista y gusto en áreas específicas de su cerebro.

Semana 21: Las células blancas que forman su sistema de defensa están en formación. Su lengua está completamente formada. Si es una niña, el útero y vagina están formados.

El enfoque de las oraciones será:

Semana	Nombre de Dios	Personaje de la Biblia	Alma	Espíritu
18	SEÑOR del Cielo	Bernabé	Fruto de Benignidad	Identidad en Dios
19	Estandarte	Sunamita	Fruto de Benignidad	Sentidos Espirituales
20	Nuestro Pastor	Juan	Fruto de Benignidad	Vivificado
21	Nuestra Fuerza	Ruth	Fruto de Benignidad	Fortalecido en Dios

Fiestas de Israel y el Embarazo

Fiestas de Israel	*Embarazo*
No aplica	**No aplica**

Semana 18   *Estoy vivo y describo mi crecimiento - Mido cerca de 5.59 pulgadas (14.2 cm) y peso unas 6.7 onzas (190 gr)*

¡Si tan solo pudieran verme! ¡Ya peso casi media libra! ¡Soy toda una hermosura! ¡Es que soy la obra maestra del SEÑOR del Cielo! Mis orejas se acomodan a su posición final, aunque sobresalen un poco de mi cabeza. En las próximas semanas seré capaz de escuchar, ya que los huesos del oído medio y las terminaciones nerviosas de mi cerebro se están formando para poder escuchar sonidos como los latidos del corazón de mamá y el movimiento de la sangre a través de mi cordón umbilical. Mis cuerdas vocales están formadas y aunque hago los gestos de llorar, como no tengo aire, no hago sonido. La realidad es que tampoco tengo razones para llorar. El amor que me brindan llena todo mi ser, la Palabra de Dios que oran sobre mí se grava en mi espíritu y produce un gozo que inunda mi corazón. Partes de mi corazón, incluyendo los ventrículos y cavidades, ya deben estar visibles. Puede que cuando le hagan un ultrasonido a mamá, vean cómo partes de mi corazón ya laten por ustedes y por mi Creador. Mis ojos también se están formando. Por el momento, miran hacia adelante y es posible que las retinas puedan detectar los rayos de luz de una linterna si la apuntan hacia mi casita. Mi espíritu ya percibe la luz de mi Creador. En esta semana mis huesos comienzan a endurecerse u osificarse. ¿Sabían que algunos de los primeros huesos que se osifican son los que forman mis clavículas y mis piernas? Almohadillas se están formando en la punta de mis dedos y de mis pies. Meconio, mi primer desperdicio intestinal, se está acumulando en mi intestino. Tranquilos, el SEÑOR del Cielo se encargó de esto; por el momento no tienen que pensar en cambios de pañales. Si soy un niño, la glándula de mi próstata continúa desarrollándose. Mamá, si notas movimientos bruscos, pero sincronizados en tu vientre, no te preocupes, es muy probable que sea que tengo hipo.

Guía de oración por el desarrollo físico de nuestro bebé

SEÑOR del Cielo, te presentamos el desarrollo de nuestro bebé durante esta semana y te pedimos que guardes la ruta de la acomodación de sus orejas hacia su posición final y que tus manos celestiales cuiden de la formación de los huesos del oído medio y las terminaciones nerviosas de la audición que se forman en su cerebro. Por tus misericordias, te pedimos que bendigas sus cuerdas vocales. Tu palabra establece que de boca de los niños y de los que aún maman fundaste la fortaleza a causa de tus enemigos, para hacer callar al enemigo y al vengativo. Sabemos que nuestro bebé nace con un destino en Ti. Por lo tanto, te pedimos que guardes sus cuerdas vocales, que sean saludables y potentes, capaces de pronunciar una alabanza que enaltezca tu nombre y que, en presencia de los dioses te cante alabanzas. Creemos que Tú estarás en medio de nuestro bebé; poderoso le salvarás, te gozarás sobre nuestro bebé con alegría, callarás de amor, te regocijarás sobre nuestro bebé con cánticos que impregnarás sobre su corazón. Porque he aquí, el que forma los montes y crea el viento y denuncia al hombre su pensamiento, el que hace a las tinieblas mañana y pasa sobre las alturas de la tierra; el SEÑOR, Dios de los Ejércitos, es su Nombre. Es a ti, a quien encomendamos la formación física del corazón de nuestro bebé. Te pedimos que le des un corazón limpio y saludable, capaz de recibir la sangre del sistema venoso y pasarla a los ventrículos y que, desde ahí, circule por las arterias sin ningún impedimento. Reconocemos tu poder sobre todo tipo de ceguera, pues eres el Dios que le abres los ojos a los ciegos. Por lo tanto, te pedimos que tu luz protectora brille sobre su retina, este tejido sensible a la luz, situado en la superficie interior del ojo de nuestro bebé. Dale una visión perfecta, capaz de ser alumbrada por tu Palabra durante toda su vida. Cuida de la formación de sus huesos y líbralo de toda deformación o enfermedad de los huesos. Cubre su intestino y permite que sea capaz de extraer los nutrientes de los alimentos y eliminar los desechos de su cuerpo. Te pedimos que lo libres de toda enfermedad intestinal. Si nuestro bebé es un varón, te presentamos el desarrollo de la glándula de su próstata. Guárdala para que cumpla su propósito de secretar el líquido alcalino que compone el semen que contiene las células que producen parte del líquido que protege y nutre a los espermatozoides. Sabemos que eres el Dios Todopoderoso, quien ha dado la orden de ser fecundo y multiplicarnos. Por lo tanto, afirmamos que si nuestro bebé es varón, será fructífero y que de sus entrañas saldrán reyes y sacerdotes para el reino de Dios. ¡Aleluya! ¡Amén!

Guía de oración por el alma de nuestro bebé (emociones-mente-voluntad)

SEÑOR del Cielo, te presentamos el alma de nuestro bebé y te pedimos que la benevolencia, fruto del Espíritu Santo, florezca en su corazón y que llegue a ser como un árbol plantado junto a las corrientes de agua. Que su corazón esté lleno de amor, compasión y bondad. Que el propósito de su instrucción produzca un amor nacido de un corazón puro, de una buena conciencia, una fe sincera y un carácter benigno, capaz de hacer misericordia. Que nadie lo engañe con palabras vanas, sino que el Espíritu Santo lo ayude a siempre examinar qué es lo que te agrada. Que rehúse participar en las obras estériles de las tinieblas, sino que esté dispuesto a desenmascararlas, con la convicción que es vergonzoso aun hablar de las cosas que ellos hacen en secreto. Que por el contrario, con sus actos de bondad, haga que las cosas se hagan visibles al exponerlas a tu luz. Decretamos que al igual que Bernabé nuestro bebé será un hijo de consolación; una persona buena, llena del Espíritu Santo y de fe. Será de los que examinan lo que agrada a Dios y toman acción. Actuará igual que Bernabé con Pablo cuando lo tomó y lo presentó a los apóstoles y les habló sobre cómo Saulo había visto y escuchado al SEÑOR; y cómo en Damasco Saulo había hablado con valor en el nombre de Jesús. Bebé, en el nombre de Jesús declaramos que tu vida reflejará la vida de Jesús, que no importa cuánta gente lo presionaba, podía sentir misericordia y responder a las necesidades de aquellos que le rodeaban. ¡Amén!

Guía de oración por el espíritu de nuestro bebé

Bebé, dirigimos nuestras voces a tu espíritu en el nombre de Jesucristo. Escucha con tu espíritu la Palabra de Dios: "Por lo cual asimismo oramos siempre por vosotros, para que nuestro Dios os tenga por dignos de su llamamiento, y cumpla todo propósito de bondad y toda obra de fe con su poder, para que el nombre de nuestro SEÑOR Jesucristo sea glorificado en vosotros, y vosotros en Él, por la gracia de nuestro Dios y del SEÑOR Jesucristo." Nosotros, tus padres, hemos estado orando por ti con la convicción que la Palabra de Dios dice: "Y todos tus hijos serán enseñados por Jehová; y se multiplicará la paz de tus hijos." Por lo tanto, te bendecimos con la certeza de que por los méritos de Jesucristo, eres digno del llamamiento de Dios sobre tu vida y que Él cumple en ti todo deseo de bondad y la obra de fe con poder, a fin de que el nombre de nuestro SEÑOR Jesús sea glorificado en ti y tú en Él, conforme a la gracia de nuestro Dios y del SEÑOR Jesucristo. Le pedimos a Dios que te dé una fe abundante, dirija tus caminos y te haga crecer en amor para con todos los que te rodeen. En el nombre de Jesús. ¡Amén!

(Sal 7:10, 138:1, 8:2, 51:10, Sof 3:17, Amo 4:13, Mat 8:22, Sal 19:8b, Gen 35:11, Sal 1:3, 1Ti 1:5, Ef 5:11-3, 5:10, Hch 4:36, 11:24, 9:27, 2Tes 1:11, 1:12 , Isa 54:13, 2Tes 1:12, 3:10-12)

Semana 19   ***Estoy vivo y describo mi desarrollo - Mido cerca de 6.02 pulgadas (15.3 cm) y peso 8.47 onzas (240 gr)***

Mi SEÑOR, mi estandarte, me hizo libre y aunque tengo algo de mamá y algo de papá, ya cuento con mi propia rutina de despertar, de dormir y hasta mi posición favorita para dormir. ¡Quién sabe, quizás se parezca un poco a cómo a uno de ustedes le gusta dormir! Quizás hasta me guste adueñarme de toda la cama, pronto lo sabrán. Cual un bello bordado con diferentes matices, los nervios que atraviesan mi cuerpo están siendo forrados con una sustancia que los protege y permite que los impulsos neurológicos fluyan suavemente. Ya hay pelos en mi cabeza y mi Creador los ha contado y conoce el número de ellos. Los que luego serán mis dientes permanentes, comienzan a formarse detrás de mis dientes de leche. Mis riñones ya producen orina. Si soy una niña, mi útero al igual que la vagina y las trompas de Falopio siguen desarrollándose. Si soy un varón, mis genitales ya pueden distinguirse claramente.

Guía de oración por el desarrollo físico de nuestro bebé

Amado Dios, gracias porque eres nuestro estandarte, el que pelea por nosotros y levantas bandera de victoria a nuestro favor. Te presentamos el cuerpo físico de nuestro bebé y por fe establecemos tu nombre, Jehová Nissi, nuestro estandarte, sobre nuestro bebé. Declaramos que Tú tienes cuidado de él. Te damos gracias porque Tú guardas su descanso. Tu Palabra establece que en paz se acostará y así también dormirá, porque sólo Tú, SEÑOR, lo haces habitar seguro. Padre, te pedimos que desde el vientre, nuestro bebé desarrolle una rutina de descanso saludable y que el insomnio le sea completamente desconocido. Declaramos que su sistema nervioso es un hermoso bordado que tus manos de artesano lo forman y entretejen majestuosamente cubriendo divinamente cada nervio a fin de que cada impulso fluya hoy y siempre a la perfección, así como fluye tu amor hacia nosotros. Gracias te damos porque tienes perfecto cuidado de nuestro bebé y sabemos que te ocuparás aun del número de sus cabellos. Padre, te presentamos sus dientes y nos apropiamos de tus promesas y afirmamos que sus dientes de leche al igual que los permanentes, estarán perfectamente alineados. Serán dientes fuertes, libres de caries y condiciones que ocasionen que se caigan o estén desalineados. Sabemos que tu Palabra afirma que Dios creó al hombre a imagen Suya, a imagen de Dios lo creó; varón y hembra los creó y que tus hijas serán como una fecunda vid, que no habrá aborto o esterilidad entre tu pueblo. Reclamamos esta promesa sobre los órganos reproductivos de nuestro bebé. Confiamos que sus órganos reproductivos se desarrollan a la perfección. Serán fructíferos, saludables y libres de toda condición que pueda ocasionar esterilidad. Te presentamos sus riñones que ya producen orina. Los cubrimos con la sangre de Cristo. Declaramos que siempre cumplen su función de limpiar su cuerpo de toxinas y purifican su sangre. ¡Amén!

Guía de oración por el alma de nuestro bebé (emociones-mente-voluntad)

SEÑOR, Tú eres nuestro estandarte, el que prometiste que nunca nos dejarías y nos has mandado a acercarnos con confianza al trono de la gracia para recibir misericordia y hallar la gracia oportuna. En esta confianza es que oramos sobre nuestro bebé para que la semilla de la benignidad, fruto del Espíritu Santo, florezca en su vida. Te pedimos que prepares su corazón para que sea recto y bueno. Que retenga la Palabra que desde el vientre ha sido orada sobre él y que dé fruto al ciento por uno. Te pedimos que tenga un corazón benévolo como el de la mujer sunamita, quien con toda solicitud y esmero, sin esperar nada a cambio, preparó un aposento para el profeta Eliseo. Que todos los talentos que Tú has depositado en nuestro bebé, los ponga a tu disposición en virtud de la gracia que le has dado. Que no piense más alto de sí que lo que debe pensar, sino que piense con buen juicio y que reconozca que todo lo que tiene es por tu gracia. Profetizamos que desde el vientre Tú eres quien le enseñas para provecho y lo conduces por el camino en que debe andar. Que lo llama en justicia, que tu mano lo sostendrá, lo guardará y lo pondrás por pacto del pueblo para que abra los ojos de los ciegos, saque de la cárcel a los presos y de casas de prisión a los que moran en tinieblas. En el nombre de Jesús. ¡Amen!

Guía de oración por el espíritu de nuestro bebé

Bebé, invocamos el nombre de Jehová Nissi, nuestra bandera sobre ti. En el nombre de Jesús, hablamos a tu espíritu, nuestro amado bebé. Declaramos que la gracia del SEÑOR Jesucristo, el amor de Dios y la comunión del Espíritu Santo están sobre ti y que, desde esta tierna edad, tu espíritu es vivificado. Que mientras oramos por ti, estás siendo enriquecido en toda palabra y en todo conocimiento. Te bendecimos con tus sentidos espirituales abiertos, para que las cosas que los ojos físicos no han visto, ni oídos físicos han oído, ni han entrado al corazón del hombre, las cuales Dios ha preparado para los que le aman, te sean reveladas por medio del Espíritu. Porque el Espíritu todo lo escudriña, aun las profundidades de Dios. Bebé, te bendecimos desde el vientre, con un espíritu vivificado a fin de que puedas reconocer las cosas de Dios y lo que Dios te ha concedido. Espíritu de nuestro bebé, te bendecimos con una comprensión de que fuiste creado para reinar sobre el alma. Oramos que retienes la norma de las sanas palabras que has oído de nosotros en la fe y el amor en Cristo Jesús, desde el vientre. Espíritu de nuestro bebé, te hablamos a ti, en el nombre de Jesús, y te exhortamos a que atesores las Sagradas Escrituras que desde el vientre estás escuchando. Las mismas te darán la sabiduría que lleva a la salvación, mediante la fe en Cristo Jesús. Sigue la justicia, la fe, el amor y la paz, con un corazón puro; entonces hablarás palabras, no enseñadas por la sabiduría humana, sino las que enseña el Espíritu, acomodando lo espiritual a lo espiritual. En el nombre de Jesucristo. ¡Amén!

(Ex 17:15, Mat 10:30, Ex 17:5, Sal 4:8, Job 10:8, Gen 1:27, Sal 128:3, Cant 4:2, Heb 4:16, Gal 5:22, Mat 13:8, 2Re 4:13, Rom 12:3, Isa 48:17, 42:6-7, Exo 17:15, Mat 18:8, 2 Co 13:14, 1Co 1:5, 2:9-10, 2Ti 1:13-15, 2:22)

Semana 20   ***Estoy vivo y describo mi desarrollo - Mido cerca de 6.46 pulgadas (16.4 cm) y peso como 10.58 onzas (300 gr)***

Han transcurrido 20 semanas, la mitad del período de espera ha pasado. Pronto me tendrán en sus brazos y los miraré a los ojos y le daré gracias a Dios por tenerlos. A partir de ahora, no creceré tan rápidamente; pero este próximo período es muy importante. ¡No dejen de orar por mí! Mi corazón se hace más fuerte. Las partes de mi cuerpo están llegando a su tamaño normal. Mamita, pronto sentirás la fuerza de mis piernas o codos, mientras trato de acomodarme. Mi casita se va haciendo pequeña para mí. Recibo de ti mis células de inmunización, las cuales me protegerán por hasta seis meses después de nacido de cualquier virus que hayas tenido. Las células de los nervios responsables del tacto, olfato, audición, visión y gusto, se están desarrollando en unas áreas específicas de mi cerebro. Si soy una niña, mi útero ya tiene aproximadamente seis millones de óvulos; pero al nacer sólo tendré un millón. Por favor oren por mis óvulos. Ya puedo escuchar ruidos fuera de mi casita. Puedo escuchar sus voces. Me gusta que me canten la misma nana. Cuando salga de mi casita esas voces que he estado escuchando las reconoceré y es muy probable que sirvan para tranquilizarme. Hagamos un experimento, a ver si pueden sentir cómo mi corazón late para ustedes. Mamá, acuéstate derechita sobre tu espalda en una superficie plana. Localiza los latidos de tu corazón, buscando tu pulso en tu cuello. Ahora coloca otra mano sobre tu barriga. Es muy posible que llores ante la emoción de distinguir claramente los dos latidos de corazón.

Guía de oración por el desarrollo físico de nuestro bebé

El SEÑOR es nuestro pastor, nada nos faltará. Por eso sabemos que la buena obra que comenzaste con la concepción de nuestro bebé, la perfeccionarás hasta el día del parto. Buen Pastor, tu palabra establece que Tú eres quien le das al corazón impulso de vida. Te pedimos que le des de ese impulso de vida al corazón de nuestro bebé para que el mismo sea fuerte y saludable, libre de todo tipo de enfermedad. Declaramos que tu sangre fluye a través de su corazón y lo convierte en un músculo perfecto. Bendice su sistema inmunológico para que sea como una barrera protectora que lo mantiene inmune de todo tipo de enfermedad. Te pedimos que, como Buen Pastor, estés a su lado y le impartas de tu fuerza a sus piernas y codos. Pastorea las conexiones neurológicas que tienen que ver con sus cinco sentidos, de manera que las establezcas firmemente, como junto a aguas de reposo, de donde reciban todo el nutriente neurológico que necesiten para funcionar perfectamente. Sabemos con certeza que Tú eres el que plantó el oído y el que formó el ojo, ¿cómo, pues, no han de funcionar? Permite que el paladar de nuestro bebé pueda saborear las viandas y los diferentes sabores. Que su piel pueda palpar las diferentes texturas y que su vista sea como la de las águilas. Si nuestro bebé es una niña, profetizamos que su útero y ovarios reciben tu promesa de ser fructíferos. Una vez más, gracias por su audición. Sabemos que la fe viene por el oír y el oír de tu Palabra, la cual tiene la capacidad de dar vida al espíritu del hombre. Profetizamos que tu Palabra está siendo grabada en su corazón y que la alabanza de Jehová proclamará su boca desde el vientre de su madre hasta que regrese adonde su Buen Pastor. ¡Amén!

Guía de oración por el alma de nuestro bebé (emociones-mente-voluntad)

Amado Pastor, tu Palabra establece la importancia de guardar el corazón ya que de él mana la vida. Que el corazón apacible es vida para la carne y fuerza del cuerpo. Nosotros te pedimos que le des a nuestro bebé un corazón conforme al tuyo. Que la ley de su Dios esté en su corazón para que sus pies no resbalen. Que incline su oído a tus razones, que sus ojos miren lo recto y que tu Palabra, desde ahora, sea deleitosa a su paladar. Que tu presencia sea como olor grato para él y que su caminar sea recto. Que no se desvíe a la derecha ni a la izquierda de tus preceptos. Que te tema y guarde todos tus mandamientos y en todo tiempo, te invoque con gratitud, dando a conocer a todos tus obras con alegría, cantando alabanzas, hablando de todas tus maravillas y buscando tu rostro continuamente. Profetizamos que así como vestiste su cuerpo físico de piel, has hecho provisión para que pueda lucir la vestimenta del nuevo hombre que se va renovando hacia un verdadero conocimiento, conforme a la imagen de Aquel que lo creó. Padre, te pedimos que la semilla de la benignidad, fruto del Espíritu Santo, florezca en su corazón y lo lleve a ser misericordioso y agradecido. Que al igual que Juan, el discípulo amado, esté revestido de tierna compasión, bondad, humildad, mansedumbre y paciencia. Que cuando alguien tenga algo contra él, sepa perdonar así como Cristo nos perdona y que la paz de Cristo reine en su corazón. ¡Amén!

Guía de oración por el espíritu de nuestro bebé

Espíritu de nuestro bebé, te hablamos a ti en el nombre de Jesucristo. Escucha atentamente lo que la

Palabra de Dios dice sobre ti: "Ciertamente espíritu hay en el hombre, y el soplo del Omnipotente le hace que entienda." Bebé, la Palabra de Dios establece la existencia de tu espíritu y enseña que tu entendimiento de la cosas espirituales dependen de Él. Es por esto que en el nombre de Jesús, profetizamos que mientras aún estás en el vientre materno, el Buen Pastor sopla sobre ti y te vivifica. Que afina tus sentidos espirituales para que desde pequeño disciernas entre lo bueno y lo malo, para que conozcas las cosas de Dios. Que ames su Palabra, andes en sus ordenanzas, guardes sus mandamientos y los pongas por obra. Bebé, nosotros tus padres, declaramos que eres guiado por el Espíritu Santo, ya que la Palabra de Dios establece que nuestros hijos serán enseñados por Jehová; y se multiplicará la paz de ellos. Nosotros te bendecimos con la certeza de que eres muy amado por nuestro Dios, que Él conoce cada detalle de tu vida, que te capacita y te irá transformando a su imagen. En el nombre de Jesús. ¡Amén!

(Sal 23:1, 8:4-6 , 121:7 , Pro 14:30a , Fil 1:6, Exo 35:21, 2Ti 4:17a, Job 12:11b, Gen 27:21, Sal 94:9, Gen 9:7, Rom 10:17, Sal 145:21, Pro 4:23, 4:20, 4:25, 4:27, Col 3:10, 3:12, 3:13, 3:15, Job 32:8, Eze 36:27, Sal 119:133, 1 Co 2:11, Isa 54:13)

Semana 21   **Estoy vivo y describo mi desarrollo - Mido cerca de 10.51 pulgadas (26.7 cm) y peso cerca de 12.7 onzas (360 gr)**

Pero Tú, oh SEÑOR, eres la fuerza nuestra. Estarán de acuerdo que mi SEÑOR sí es mi fuerza, pues parezco un acróbata. Es una maravilla todos los movimientos que puedo hacer y la forma en que puedo acomodarme dentro de mi casita a medida que continúo creciendo. ¿Sabías que hasta ahora, mi hígado y mi bazo habían sido los responsables de la producción de glóbulos rojos? Pero ya los espacios de mi médula ósea se han desarrollado lo suficiente para también contribuir en la formación de glóbulos rojos. Mi médula ósea se convertirá en el centro más importante de la producción de glóbulos rojos en el tercer trimestre. Es importante que oren por mi médula ósea. Las células blancas que forman mi sistema de defensa también están en formación a fin de protegerme de infecciones. Mi piel se transforma, ya no es traslúciente, ha pasado a ser opaca. Si soy una niña, mi útero y vagina están formados. Mi sistema digestivo está funcionando. Ya trago líquido amniótico, absorbo el agua y digiero el resto. Mis rutinas de despertar y descansar se vuelven más constantes. Se cree que mi reloj biológico se armoniza al reloj externo, aun antes de yo nacer. Mamita, tus horas de comer, descansar, al igual que los niveles de luz y ruidos, todos me sirven de señal mientras aún estoy en tu vientre. Eres mi modelo, me das la señal con tu cuerpo de cuándo es hora de dormir y cuándo es hora de hacer mis acrobacias.

Guía de oración por el desarrollo físico de nuestro bebé

Amado Dios, gracias porque eres perfecto y eres nuestro protector y fuerza. Declaramos que tu mano protectora está sobre la médula ósea, el hígado, el bazo y cada una de las células rojas y blancas de nuestro bebé. Profetizamos que sus sistemas de defensa son impenetrables. Es por eso que en este día cantamos este cántico sobre nuestro bebé: ¡Ciudad fuerte tenemos! Para protección, el SEÑOR, nuestra fuerza, pone murallas y baluartes a su alrededor y húmeda está la médula de sus huesos. Oramos que protejas la transformación de su piel. Si es una niña, su sistema reproductivo está santificado en ti y nunca tendrá ningún trastorno; reyes y sacerdotes saldrán de su matriz. Sus entrañas han sido ya vistas por tus ojos y funcionarán perfectamente, eliminando todas las toxinas del cuerpo. Tu presencia estará con nuestro bebé y le dará descanso. Tendrá una rutina saludable. Disfrutará tiempos de adorarte, bendecirte, reír, trabajar y descansar, ya que todo su sistema neurológico será programado por ti. ¡Amén!

Guía de oración por el alma de nuestro bebé (emociones-mente-voluntad)

SEÑOR, Tú eres nuestra fuerza, en Ti estamos apoyándonos para creer que tus ojos están sobre nuestro bebé para cuidarlo y llevarlo por el camino de rectitud. El anhelo de nuestro corazón es que derrames tu amor y benevolencia sobre él y que a medida que crece, ni lo alto, ni lo profundo, ni ninguna otra cosa creada lo pueda separar del amor de Dios que es en Cristo Jesús, SEÑOR nuestro. Nuestra petición es que por tu gracia tengas a bien llamarlo desde el vientre de su madre y revelarle a tu

Hijo. Permite que el fruto de la benignidad abunde en su vida y forme en nuestro bebé un carácter como el de Ruth, quien mostró tener un carácter apacible y misericordioso hacia su suegra Noemí. Que al igual que ella, nuestro bebé llegue a conocerte como el único Dios verdadero. Que su vida sea transparente, sin mancha de orgullo o altivez, sino que con amor y benevolencia, esté dispuesto a servir a los demás. Profetizamos que ninguna palabra torpe saldrá de su boca, sino la que sea buena para edificación. Hablará con salmos, con himnos y canciones espirituales. En su corazón siempre habrá una canción de adoración para ti. Será imitador tuyo, capaz de destruir especulaciones y todo razonamiento altivo que se levanta en contra del conocimiento de ti, llevando todos sus pensamientos en cautiverio a la obediencia a ti para que nunca haga nada que pueda contristar al Espíritu Santo de Dios. ¡Amén!

Guía de oración por el espíritu de nuestro bebé

Amado bebé, en el nombre de Jesucristo llamamos tu espíritu a atención. Escucha lo que la Palabra de Dios dice: "Por lo demás, hermanos míos, fortaleceos en el SEÑOR, y en el poder de su fuerza. Vestíos de toda la armadura de Dios, para que podáis estar firmes contra las asechanzas del diablo." Porque no tenemos lucha contra sangre y carne, sino contra principados, contra potestades, contra los gobernadores de las tinieblas de este siglo, contra huestes espirituales de maldad en las regiones celestes." Bebé, desde el vientre de tu madre te bendecimos con estar fortalecido espiritualmente en el SEÑOR y en el poder de su fuerza, a través de la poderosa Palabra de Dios. Escucha con tu espíritu lo que la Biblia dice sobre la Palabra de Dios: "Porque la palabra de Dios es viva y eficaz, y más cortante que toda espada de dos filos; y penetra hasta partir el espíritu, las coyunturas y los tuétanos, y discierne los pensamientos y las intenciones del corazón." Bebé, te bendecimos con estar preparado con la Palabra para ser luz en medio de un mundo donde la gente prefiere las tinieblas a la luz y que debido al aumento de la iniquidad, el amor de muchos se ha enfriado. No temerás al poder de las tinieblas, sino que le darás gracias al Padre que ha capacitado a sus hijos para compartir la herencia de los santos en luz. Bebé, te bendecimos con un espíritu que es lámpara del SEÑOR, capaz de escudriñar lo más profundo de tu ser y guiar a tu corazón hacia la luz de Cristo. Profetizamos que aunque en el mundo reinen las tinieblas, tú no tendrás temor sino que te levantarás y resplandecerás, porque la luz de Dios llega hasta ti y la gloria del SEÑOR amanece sobre ti. Dios es luz y en Él no hay tiniebla alguna. Tendrás paz, pues Él te revela los misterios de las tinieblas y saca a la luz la densa oscuridad. En el nombre de Jesucristo. ¡Amén!

(Sal 22:19, Rom 8:39, Gal 1:15, 16, Pro 14:30, Ef 4:29, 30, Ef 5:1, 2, 19, 20, 2Co 10:5, Ef 6:10, 11, 12, Heb 4:12, Mat 24:12, Col 1:12, Prov 20:27, Isa 60:1, 1Jn 1:5, Job 12:22)

Sexto Mes

Semanas 22 - 26

Resumen del Proceso del Embarazo

Semana 22: Los párpados, cejas y uñas están completamente formados. El cerebro ha entrado a una etapa de rápido crecimiento.

Semana 23: Los ojos están formados, aunque el iris aún no tiene pigmentación. El páncreas ha comenzado a producir insulina.

Semana 24: Las papilas gustativas comienzan a formarse.

Semana 25: Comienza a formarse la estructura de la columna vertebral: las coyunturas, los ligamentos y los discos. Los vasos sanguíneos del cuerpo se están desarrollando.

Semana 26: La espina dorsal ya tiene 150 uniones, 33 discos y unos 1,000 ligamentos. La retina del ojo comienza a formarse. La actividad cerebral para la audición y vista comienza a detectarse.

El enfoque de las oraciones será:

Semana	Nombre de Dios	Personaje de la Biblia	Alma	Espíritu
22	Justicia Nuestra	Dorcas	Fruto de la Bondad	Identidad
23	Brisa Apacible	Centurión	Fruto de la Bondad	Armadura
24	Anciano de Días	José de Arimatea	Fruto de la Bondad	Cinto de la Verdad
25	Roca de Israel	Rahab	Fruto de la Bondad	Cinto de la Verdad
26	Torre Fuerte	Josías	Fruto de la Bondad	Coraza de Justicia

Fiestas de Israel y el Embarazo

Fiestas de Israel	Embarazo
No aplica	No aplica

Semana 22   *Estoy vivo y describo mi desarrollo - Mido cerca de 10.94 pulgadas (27.8 cm) y peso 15.17 onzas (430 gr)*

¡El SEÑOR, justicia nuestra, me ha convertido en toda una maravilla! Con tan solo cerca de una libra de peso, puedo escuchar con mayor claridad sus conversaciones. Puedo escuchar cuando me leen, hablan o cantan. Estudios han encontrado que cuando nazca reaccionaré dejándoles saber que reconozco el libro, la canción u oración que repetidas veces me leyeron, cantaron o hicieron mientras estuve en el vientre de mamá. Mis párpados, cejas y uñas están completamente formados. Mi cerebro ha entrado en una etapa de rápido crecimiento proveyendo todas las células necesarias para mi desarrollo. Los sentidos que usaré para aprender sobre el mundo que me rodea se están formando día a día. Es muy probable que sea un genio. Bueno, por lo menos sé que para ustedes seré el bebé más inteligente que existe. Mamá, con tu ayuda, mi hígado ha comenzado a trabajar deshaciendo la bilirrubina, una sustancia que producen las células rojas. Si soy un varón, mis testículos comienzan a descender al escroto, los espermatozoides se forman y estoy produciendo testosterona. Las papilas gustativas ya han comenzado a formarse en mi lengua. Pronto podré percibir algunos sabores de las comidas que mamá ingiere. Las terminaciones nerviosas y mi cerebro se han desarrollado lo suficiente para que pueda sentir el tacto al acariciar mi propio rostro. ¡Cuánto anhelo sentir que los brazos de papá y mamá me acarician mientras me arrullan!

Guía de oración por el desarrollo físico de nuestro bebé

Oh Jehová, justicia nuestra, nuestro bebé mora seguro dentro del vientre de su madre. Nuestros corazones se regocijan y nuestras almas proclaman en alta voz: "Oídme, islas y escuchad pueblos lejanos. El SEÑOR, no solamente ha despertado el oído de nuestro bebé para escucharnos, sino que también lo ha despertado a la corrección." Creemos de todo corazón que nuestro bebé oye cuando lo llamas por su nombre desde el vientre. Que desde las entrañas de su madre le has tenido en tu memoria y que Tú te has grabado en su memoria. SEÑOR, te pedimos que si nuestro bebé es un varón, su producción de testosterona sea como fuente de huertos, pozo de aguas vivas que corren del Líbano. Padre, te pedimos que cuides de la formación de sus párpados a fin de que puedan realizar perfectamente su función de proteger sus ojos y humectarlos`. Que sus uñas estén libres de hongos, que no se partan sino que por el contrario, tengan que ser cortadas. Te pedimos que ahora que su cerebro ha entrado en una etapa de rápido crecimiento, Tú le hagas justicia y te asegures que cada célula se mueva al lugar correspondiente de su cerebro y establezca las conexiones necesarias para su desarrollo. Que cada uno de los cinco sentidos que necesitará para aprender, se desarrollen a la perfección. También te pedimos que grabes en el cerebro de nuestro bebé la Palabra que hemos estado orando sobre él. Que la misma lo lleve a aferrarse a la instrucción, adquirir sabiduría, ser inteligente y no olvidarse, ni apartarse de las palabras de Tu boca. Profetizamos que no las soltará sino que las guardará, porque ellas serán salud para su cuerpo. ¡Amén!

Guía de oración por el alma de nuestro bebé (emociones-mente-voluntad)

SEÑOR, Tú eres nuestra justicia. Te damos gracias por tu bondad y te pedimos que la misma, fruto del Espíritu Santo, florezca en el corazón de nuestro bebé. Que desde el vientre nuestro bebé, con el rostro descubierto, contemple como en un espejo tu gloria y vaya siendo transformado en la misma imagen de tu gloria. Que pueda comprender que el propósito de su instrucción es el amor nacido de un corazón puro, de una buena conciencia y de una fe sincera. Te pedimos que la Palabra que estamos orando se impregne en su alma y cree una total dependencia de Ti, que lo ayude a discernir la diferencia entre el justo y el impío, el que sirve a Dios y el que no le sirve. Que sea un hacedor de la Palabra y no solamente un oidor. Permite que su corazón esté lleno de bondad y que comprenda que el fruto de la luz consiste en toda bondad, justicia y verdad. Que sea un imitador tuyo y que al igual que Dorcas, sus actos de bondad hagan que tu amor se haga visible. Dale un corazón dadivoso y dispuesto a ayudar a los demás sin hacer acepción de personas. Que reconozca que la religión pura y sin mancha delante de Ti es visitar a los huérfanos y a las viudas en sus tribulaciones y guardarse sin mancha de este mundo. Profetizamos que será reconocido como un servidor de Cristo y administrador de los misterios de Dios. ¡Amén!

Guía de oración por el espíritu de nuestro bebé

Nuestro muy amado bebé, en el nombre de Jesucristo, hablamos ahora a tu espíritu. Escucha atentamente lo que dice la Palabra de Dios: "Así ha dicho Jehová: Si pudiereis invalidar mi pacto con el día y mi pacto con la noche, de tal manera que no haya día ni noche a su tiempo, podrá también invalidarse mi pacto con mi siervo David, para que deje de tener hijo que reine sobre su trono, y mi pacto con los levitas y sacerdotes, mis ministros." Bebé, Dios te ama, escucha ahora lo que Él te dice: "Porque Él es nuestro Dios; nosotros el pueblo de su prado, y ovejas de su mano." Bebé, Dios te ama y como te ama tanto, Él pensó en todas tus necesidades e hizo provisión para que vivas una vida victoriosa en Él. Pero no importa cuánto te amemos y te ame Dios, la realidad es que vienes a vivir a un mundo caído en donde la gente ama las tinieblas. Por eso hemos comenzado a instruirte y bendecirte desde el vientre de tu madre. En el nombre de Jesús, te bendecimos con un espíritu fortalecido en la Palabra de Dios, capaz de desechar las obras de las tinieblas y vestirse con las armas de la luz. Te bendecimos con la convicción y tenacidad de saber que aunque camines en la carne, no lucharás según la carne. Te bendecimos con la sabiduría de saber que las armas de nuestra contienda no son carnales, sino poderosas en Dios para la destrucción de fortalezas. Te bendecimos con un camino marcado por la Palabra de Dios. ¡Amén!

(Jer 33:16, Isa 49:1, Deu 21:12, Isa 44:24, Isa 42:6, Pro 4:13, 5, Cant 4:15, Pro 4:22, Sal 1:3, 89:14, Co 3:18, 1Ti 1:5, Rom 15:14, Mal 3:18, Stgo 1:22,27, Hch 9:36, 1Cor 6:20, Jer 33:20, 21, Sal 95:7, Luc 1:80, Rom13:12, 2Co 10:3,4)

Semana 23   *Estoy vivo y describo mi desarrollo - Mido cerca de 11.38 pulgadas (28.9 cm) y peso 1.1 libras (501 gr)*

Gracias Padre, porque cual brisa apacible continúas hablando a mi corazón, mientras poco a poco las proporciones de mi cuerpo ya se asemejan a las de un recién nacido. Si bien es cierto que he acumulado grasa en mi cuerpo, mi piel todavía está flácida, lo que me da un aspecto arrugado. ¡Arrugas, qué horror! ¡Gloria a Dios que pronto desaparecerán! Los huesos del oído medio se han endurecido y puedo escuchar bien. Papá, ¿sabías que tu tono de voz varonil, de baja frecuencia, es especial y traspasa el abdomen y útero mejor que la voz femenina, de más alta frecuencia de mamá? Mis ojos están formados, aunque el iris aún no tiene pigmentación. Me imagino que se estarán preguntando de qué color serán mis ojos y a quién me pareceré. Bueno, tendrán que esperar unas cuantas semanas más para saber. Mi páncreas, un órgano vital en la producción de hormonas, se está desarrollando de manera continua y ha comenzado a producir insulina, una sustancia importante para procesar el azúcar. Si naciera en esta semana 23, tendría un 15 porciento de probabilidad de sobrevivencia, así que, aunque tengo un gran deseo de verlos, me quedaré en mi casita por unas cuantas semanas más. Se me olvidó decirte algo mamá: ya tengo mi propia rutina diaria de ejercicios. Esta rutina incluye mover regularmente los músculos de mis brazos, piernas y los dedos de mis pies y manos. Quizás sientas unos movimientos vigorosos que en nada se parecen a una brisa apacible. Lo siento, pero ya sabes que tengo que ejercitar esos músculos y ponerme en forma.

Guía de oración por el desarrollo físico de nuestro bebé

Padre, cuán hermosa es tu voz apacible, que nos tranquiliza y nos da la confianza de saber que todos los días de nuestro bebé están escritos en tu libro de la vida y que nuestro bebé es parte del pueblo que has creado y que el día de su nacimiento está siendo cuidadosamente guardado por Ti. Gracias por haber abierto su oído y porque todo su cuerpo está nutriéndose y uniéndose por las coyunturas y ligamentos con el crecimiento que tu susurro le da. Declaramos, como Job, que mientras sus músculos y órganos internos son formados, he aquí ahora, su fuerza está en sus lomos y su vigor en los músculos de su vientre. Por lo tanto, cada órgano interno funciona a la perfección. Te pedimos que cuides del iris de sus ojos y te damos gracias por el color que has escogido para su pigmentación. Padre, te pedimos que cubras con tu sangre la formación del páncreas de nuestro bebé. Permite que mientras su cuerpo tenga aliento de vida, su páncreas sea saludable, capaz de cumplir su función hormonal y la producción de insulina. ¡Amén!

Guía de oración por el alma de nuestro bebé (emociones-mente-voluntad)

SEÑOR, declaramos que tu presencia se manifiesta en nuestro bebé como el tierno susurro de una brisa apacible que calma el alma, deleita el corazón y provoca una respuesta del hombre. Permite que esa respuesta sea como la del centurión bondadoso, quien movido por amor y compasión por su siervo que estaba postrado en su casa paralítico y sufriendo mucho, quiso hacerle bien y se acercó a Jesús para suplicarle que diera la orden de sanidad.

Padre, te pedimos que la Palabra que estamos orando sobre nuestro bebé sea sembrada y atesorada en su corazón por el poder del Espíritu Santo y moldee su carácter; y que la bondad, fruto del Espíritu Santo, se manifieste fuertemente en su vida. Que su vida se caracterice por actos de bondad hacia sus semejantes como el del centurión para con su siervo. SEÑOR, el anhelo de nuestro corazón es que susurres de tu sabiduría a su oído y que inclines su corazón al entendimiento, pues tu palabra establece que Tú das sabiduría y que de tu boca vienen el conocimiento y la inteligencia. Profetizamos que nuestro bebé clamará a la inteligencia y alzará su voz al entendimiento, la buscará como a la plata y la procurará como a tesoros escondidos, a fin de que entonces pueda entender el temor del SEÑOR y descubrir el conocimiento de Dios. Dale un corazón conforme al tuyo, pues sabemos que eres un Dios compasivo y lleno de piedad, lento para la ira y abundante en misericordia y fidelidad. ¡Amén!

Guía de oración por el espíritu de nuestro bebé

Bebé, queremos que escuches atentamente con tu espíritu lo que Dios dice sobre ti. En el nombre de Jesucristo dirigimos nuestra voz directamente a tu espíritu para leerte la Palabra de Dios: "Por tanto, tomad toda la armadura de Dios, para que podáis resistir en el día malo, y habiéndolo acabado todo, estar firmes." Bebé, como te hemos dicho ya, habrán días malos en tu vida y en esos momentos será necesario que estés vestido con toda la armadura de Dios a fin de resistir, y habiendo hecho esto, estar firme. Durante las próximas semanas, te estaremos instruyendo sobre esa poderosa vestimenta espiritual que Dios preparó para ti y que Él llama su armadura. Es una vestimenta que crecerá contigo, así como la ropa del pueblo de Dios cuando salió de Egipto, que nunca se pondrá vieja ni desmerecerá. Es una vestimenta que irradia la gracia y belleza de nuestro Dios, a la vez que te protegerá de adentro hacia afuera. Esta vestimenta no sólo añade belleza a tu apariencia, sino que refleja la belleza de tu Creador. Es una vestimenta que se debe usar todo el tiempo para que llegue a ser parte de tu ser. Es una vestimenta que el enemigo de las almas podrá ver sobre ti, pues reflejará la luz de Jesús. Es una vestimenta que, una vez que te adueñes de ella y la hagas parte de tu ser, te impartirá una nueva confianza y convicción de que es más poderoso el que pelea a tu favor que el que está en tu contra. Nosotros te bendecimos con discernimiento espiritual para que tus oídos, ojos, olfato, tacto, gusto y visión espirituales estén alertas para discernir los engaños del enemigo. Te bendecimos con ser guiado por el Espíritu Santo en relación a cómo estar vestido siempre con tu ropa espiritual. Te bendecimos con la comprensión de que esta vestimenta, que Dios llama su armadura, te protegerá durante los días malos. Que esta armadura de Dios te protegerá durante los ataques espirituales, emocionales y físicos de las fuerzas de maldad. Te bendecimos con saber cuándo asumir una posición espiritual defensiva y cuándo asumir una ofensiva. Te bendecimos con la paz, gozo, amor, esperanza y victoria que son tuyas en Cristo Jesús. ¡Amén!

(1Rey 19:12, Isa 43:21, 50:5, Col 2:19b, Job 40:16, Mat.8: 5-6,8, Sal 86:15, Pro 2:1-6, 1Re 19:14, 19:13, 19:12, Ef 2:13, Deut 8:4, 1Jn 4:4)

Semana 24 — Estoy vivo y describo mi desarrollo - Mido cerca de 11.8 pulgadas (30 cm) y peso unas 1.3 libras (600 gr)

La belleza del Anciano de Días está sobre mí y me está embelleciendo a medida que voy ganando peso. No se preocupen, no tendrán que ponerme a dieta; solamente son unas 6 onzas de peso distribuidas en músculos, masa ósea y órganos. Este aumento en peso me hermosea y hace que mi apariencia vaya teniendo un mayor parecido a un recién nacido. Mis papilas gustativas continúan formándose. Mamita, cuando consumas un sabor extraño o amargo, yo lo percibiré. Pequeños pliegos se han formado en las palmas de mis manos. Mi coordinación muscular ha mejorado mientras chupo mi dedo. Durante los próximos siete días, mis glándulas de sudor se están formando en mi piel; pero tranquilos, no tienen que salir a comprarme desodorante, pues aún soy como el olor del incienso que Cristo ofrece a Dios y que se esparce tanto entre los que se salvan como entre los que se pierden. Mis pulmones están desarrollando los alvéolos pulmonares los cuales son como las ramas respiratorias de un árbol. También están produciendo las células que generan surfactante. El surfactante es una sustancia que hace que los alvéolos pulmonares se llenen de aire fácilmente y no se peguen cuando exhalamos, permitiéndonos respirar correctamente. Dado que mi oído interno, el cual controla el balance del cuerpo está completamente desarrollado, puede que ya reconozca cuando estoy boca arriba o boca abajo, mientras floto y hago mis acrobacias dentro de la barriguita de mamita. Si naciera en esta semana, tengo mayores probabilidades de sobrevivir. Pero me gusta mi casita y no pienso salir aún.

Guía de oración por el desarrollo físico de nuestro bebé

La hermosura del Anciano de Días es inigualable y a imagen de Dios es hecho el hombre; por lo tanto, ya sea que nuestro bebé sea niño o niña sabemos que será hermoso. Alzamos nuestras voces y bendecimos el desarrollo físico de nuestro bebé, declarando que sus manos son como barras de oro engastadas de topacio; su vientre, marfil tallado recubierto de zafiros; sus piernas, columnas de alabastro asentadas sobre bases de oro puro; su aspecto, como el Líbano, gallardo como los cedros; su paladar, dulcísimo y todo él, deseable. Cuán hermoso será nuestro bebé, sus ojos serán como palomas. Cuán hermoso será, nuestro amado bebé y tan placentero. Oh, Anciano de Días, a Ti hemos entregado nuestro bebé desde el vientre de su madre, Tú eres su Dios. Permítele a su paladar saborear, así como tus hijos pudieron saborear el maná en el desierto y encontraron que era dulce como hojuelas con miel y le pusieron por nombre maná. Declaramos que sus pulmones son fuertes y libres de toda condición de enfermedad pulmonar. ¡Amén!

Guía de oración por el alma de nuestro bebé (emociones-mente-voluntad)

Eres el Anciano de Días, el que no cambia y cuyos años no tendrán fin. A Ti, y a Ti solamente encomendamos la vida de nuestro bebé para que el mismo Dios y Padre nuestro y Jesús nuestro SEÑOR, dirijan su caminar. Que aún hasta su vejez, Tú seas con él y hasta sus años avanzados, lo sostengas. Que escuche tu voz y que Tú seas su Dios y ande en todo camino que Tú le envíes para que le vaya bien. Profetizamos que a Ti se aferra su alma; tu diestra lo sostendrá y le dará a conocer la senda de la vida. En tu presencia disfrutará de plenitud de gozo y deleites para siempre. Como un manto lo enrollarás en tu presencia a fin de que su carácter sea sin avaricia. Que refleje la bondad, fruto del Espíritu Santo y que esté dispuesto a compartir con otros. Permite que el corazón de nuestro bebé sea como el de José de Arimatea, quien usó su influencia para presentarse ante Pilato y pedir el cuerpo de Jesús y luego, tomando el cuerpo de Jesús lo envolvió en un lienzo limpio de lino y lo colocó en un sepulcro nuevo de su pertenencia. De esa misma forma, que nuestro bebé siempre esté atento a las necesidades de los demás. Siempre dispuesto a ayudar a los débiles y recordando las palabras del SEÑOR Jesús, que dijo: "Más bienaventurado es dar que recibir." ¡Amén!

Guía de oración por el espíritu de nuestro bebé

Bebé, así como seguimos orando por tu desarrollo físico y por tu alma, continuamos orando por la parte más importante de todo tu ser: tu espíritu. Durante esta semana te vamos a instruir sobre otra pieza de la armadura de Dios. Por lo tanto, bebé, escucha con tu espíritu lo que Dios te dice: "Estad, pues firmes, ceñidos vuestros lomos con la verdad." Bebé, hay tanto que decirte sobre esta pieza, pero por el momento te instruiremos sobre los fundamentos básicos. Lo primero que debes saber es que, ceñirte con el cinto de la verdad significa creer que el SEÑOR es el único Dios verdadero. Que de tal manera amó Dios al mundo que dio a Jesús, su hijo unigénito, para que todo aquel que cree en Él no se pierda, mas tenga vida eterna. Bebé, ya Dios mostró su amor hacia nosotros y desea que tú lo ames con todo tu ser. Espíritu de nuestro bebé, escucha esta otra verdad: Jesús dijo: "Yo soy el camino, y la verdad, y la vida;

nadie viene al Padre sino por mí." Bebé, en el nombre de Jesús, nosotros bendecimos tu espíritu con discernimiento espiritual que te lleva a comprender la Escritura cuando dice: "En ese día vosotros conoceréis que Yo estoy en mi Padre, y vosotros en mí, y Yo en vosotros. El que tiene mis mandamientos, y los guarda, ése es el que me ama; y el que me ama, será amado por mi Padre, y Yo lo amaré, y me manifestaré a él." Te bendecimos con comprender que Cristo está en el Padre, que tan pronto le entregues tu vida a Jesús, tu vida estará escondida en Jesús y Jesús estará en ti a través del Espíritu Santo. Te bendecimos con una revelación profunda de cuánto Dios te ama, de la verdad de la Palabra y una necesidad de obedecer sus mandamientos. Te bendecimos con la verdad de que Jesús reina sobre todas las potestades del aire. Te bendecimos con comprensión espiritual de que Dios mismo es toda tu armadura espiritual. En el nombre de Jesucristo. ¡Amén!

(Dan 7:9, 2Cor 2:14, Sal 102:27, 1Tes 3:11, Isa 46:4, Sal 63:8, 16:11, Heb 13:5, Mat 27:57, 59, 60, Hech 20:35, Ef 6:14, Jn 3:16, 14:6, 1Co 2:14, Jn 14:20, 21, Ef 1:21, Gen 1:26, Cant 4:1, 5:14-16)

Semana 25 — Estoy vivo y describo mi desarrollo - Mido cerca de 13.6 pulgadas (34.6 cm) y peso 1.46 libras (660 gr)

En esta semana, la Roca de Israel está formando la estructura de mi columna vertebral, las coyunturas, ligamentos y discos. Estos son los que protegerán mi cordón espinal, el cual sirve de transmisor de información para todo mi cuerpo. Los vasos sanguíneos de mi cuerpo se están desarrollando. Mis fosas nasales comienzan a abrir y se cree que ya puedo mostrar una preferencia por ciertos aromas. Los nervios alrededor de mi boca y el área de mis labios muestran mayor sensibilidad. Mis reflejos para tragar se están desarrollando. Mis destrezas han mejorado, ahora no sólo hago acrobacias sino que comienzo a hacer un puño y puedo agarrar objetos que se coloquen en la palma de mi mano. ¡Quisiera mostrarles cuán fuerte puedo agarrar sus dedos si los colocan en la palma de mi mano! Continuaré practicando hasta que llegue ese gran día.

Guía de oración por el desarrollo físico de nuestro bebé

Hay cánticos en nuestros corazones como en las noches en que se celebran las fiestas y alegría de corazón como cuando uno marcha al son de la flauta, mientras nos acercamos a nuestro SEÑOR, a la Roca de Israel. Nuestra confianza está en Ti, la Roca de nuestra salvación. Creemos que has formado la columna vertebral de nuestro bebé y que has dado la orden para que hueso con hueso, disco con disco, ligamento con ligamento, se junten. Te pedimos que, así como el pectoral de los levitas era unido por unos anillos del efod con un cordón azul para que estuviera sobre el cinto tejido del efod y para que el pectoral no se desprendiera, de esa misma manera Tú protejas el cordón espinal de nuestro bebé. De manera que florezca como la palma, que crezca y sea fuerte como cedro en el Líbano. Padre, tu Palabra establece que la vida de la carne está en la sangre; por lo tanto, te pedimos que cuides de cada vaso sanguíneo de nuestro bebé. Que puedan realizar eficazmente su función de conducir la sangre impulsada por la acción del corazón. Declaramos que Tú has formado sus fosas nasales y que tu aliento está en su nariz y le serás olor grato. Gracias por formar cada nervio alrededor de su boca y sus labios, por asegurarte que no tendrá dificultad alguna para tragar, por darle músculos fuertes como del búfalo y por ungirlo con aceite fresco. ¡Amén!

Guía de oración por el alma de nuestro bebé (emociones-mente-voluntad)

Cantamos con gozo al SEÑOR, aclamamos con júbilo a la roca de nuestra salvación. Venimos ante su presencia con acción de gracias, porque eres nuestro Dios, y nosotros el pueblo de tu prado y las ovejas de tu mano. Declaramos que nuestro bebé escucha tu voz desde el vientre de su madre y no endurecerá su corazón, sino que con un corazón sincero te bendecirá en todo tiempo; continuamente estará tu alabanza en su boca. En Ti, oh SEÑOR se gloriará su alma, lo oirán los humildes y se regocijarán. Invitará a otros a engrandecerte y a exaltar tu nombre. Anunciará por la mañana tu bondad y por las noches tu fidelidad. No será como el hombre torpe que no tiene conocimiento y el necio que no entiende. Será como Rahab, quien no pereció juntamente con los desobedientes, sino que supo reconocer que los espías eran embajadores de Dios y mostró bondad hacia ellos, aún arriesgando su vida por ellos. Y no pensó solamente en su bienestar personal, sino que también mostró su bondad al interceder por su familia. Roca de Israel, te pedimos que así como la bendición de Dios estuvo sobre Rahab y llegó a estar incluida en la línea materna de los antecesores de Cristo, nuestro bebé esté plantado en tu casa. Que florezca en tus atrios, así como florece la palma, que crezca fuerte como crece el cedro en el Líbano que aún en su vejez dan fruto, están vigorosos y muy verdes. ¡Amén!

Guía de oración por el espíritu de nuestro bebé

Bebé, dirigimos nuestras voces a tu espíritu en el nombre de Jesucristo. Durante esta semana continuaremos enseñándote sobre la pieza de la verdad, de la vestimenta de Dios, que estará a tu disposición. Escucha con tu espíritu esta verdad que viene directamente de la Palabra de Dios: "Aprende pues, hoy, y reflexiona en tu corazón, que Jehová es Dios arriba en el cielo y abajo en la tierra, y no hay otro." Bebé, como ya te hemos dicho, nuestro Dios uno es y Él quiere que reflexiones sobre esa verdad. Él es Dios arriba en los cielos y abajo en la tierra y que fuera de Él no hay otro Dios. Ahora bien, lo otro que es importante que sepas es que tenemos un adversario. Bebé, escucha con tu espíritu como Dios lo describe: "Él ha sido homicida desde el principio, y no ha permanecido en la verdad, porque no hay verdad en él. Cuando habla mentira de lo suyo, habla; porque es mentiroso, y padre de mentira." Bebé, el padre de mentiras es nuestro adversario, es un ladrón y su misión es robar, matar y destruir. El padre de mentira querrá arrebatar de tu vida la Verdad. Por esto es que Dios nos enseña que la verdad tiene que estar ceñida a nuestra cintura. Bebé, nosotros te bendecimos con recibir la Verdad y atesorar dentro de ti los mandamientos de Dios. Con dar tu oído a la sabiduría, inclinar tu corazón al entendimiento. Porque si clamas a la inteligencia y alzas tu voz al entendimiento, si la buscas como a la plata y la procuras como a tesoros escondidos, entonces entenderás el temor del SEÑOR y descubrirás el conocimiento de Dios. Porque el SEÑOR da sabiduría, de su boca vienen el conocimiento y la inteligencia. Te bendecimos con esta Verdad. En el nombre de Jesucristo. ¡Amén!

(Isa 30:29, Eze 37:7, Exo 39:21, Sal 92:12, Job 27:3, Lev 17:11, Sal 92:10, Sal 95:1-8, Sal 34:1 Sal 34:2-3, Sal 92:2, 5-6, 8, 10, 12-14, Deut 4:29, Jn 8:44, 10:10, Pro 2:1-6)

Semana 26   ***Estoy vivo y describo mi desarrollo - Mido cerca de 14 pulgadas (35.6 cm) y peso alrededor de 1.7 libras (760 gr)***

Torre Fuerte es el nombre de mi SEÑOR y es Él quien hace que mi espina dorsal se haga más fuerte. Ya tiene 150 uniones, 33 discos y unos 1,000 ligamentos. Mis pulmones continúan desarrollándose y comienzan a segregar surfactante, el cual forrará los alvéolos en mis pulmones. Mis ojos comienzan a abrirse y a pestañar durante esta semana. La retina de mis ojos comienza a formarse. Mis pestañas comienzan a crecer y me crece más pelo en la cabeza. Quizás necesite un recorte cuando nazca. La actividad cerebral para la audición y vista comienza a detectarse. Una resonancia de mi cerebro mostraría mi respuesta al tacto. Si colocan una luz brillante sobre el abdomen de mamá, yo voy a voltear mi cabeza ya que según los investigadores, mi nervio óptico la percibe.

Guía de oración por el desarrollo físico de nuestro bebé

Torre Fuerte es el nombre de nuestro SEÑOR, a Él corre el justo y está a salvo. Por eso sabemos que nuestro bebé está a salvo. Su columna vertebral y su cuello serán como torre de marfil. Creemos que le colocas pestañas como velos que protegen sus ojos y los hermosea y que destapas sus ojos para que desde el vientre te vea a Ti, la luz del mundo. Gracias por cuidar de la abundancia de actividad cerebral que se está llevando a cabo dentro de su cerebro para la audición y la vista. Permite que nuestro bebé sea saludable, sensible al tacto, que su visión y su audición sean agudas; pero sobre todo, que sea sensible a tu voz y presencia. Dale pulmones fuertes como los tuyos, que con un soplo limpias los cielos. Amado Dios, te presentamos la formación inicial de la retina de los ojos de nuestro bebé. Ese tejido sensible a la luz que ha de desencadenar una serie de fenómenos químicos y eléctricos que finalmente se traducirá en impulsos nerviosos que son enviados hacia el cerebro por el nervio óptico y que resultará en la formación de la imagen que nuestro bebé percibirá. Te pedimos que mientras oramos por nuestro bebé, Tú, la luz del mundo, alumbres sus ojos y formes personalmente su retina. ¡Amén!

Guía de oración por el alma de nuestro bebé (emociones-mente-voluntad)

Torre Fuerte es el nombre del SEÑOR, a Él corre el justo y está a salvo. Por esto, en el glorioso esplendor de tu majestad y en tus maravillosas obras meditaremos. Hablaremos del poder de tus hechos portentosos y cantaremos sobre tu grandeza. ¡Clemente y compasivo eres oh, SEÑOR! Lento para la ira y grande en misericordia. Eres bueno para con todos y tu compasión es sobre todas tus obras. Dado que nuestro bebé es la obra de tus manos, creemos que desde el vientre escucha tu voz y comienza a darte gracias y a bendecirte. Hasta su vejez proclamará con entusiasmo la memoria de tu mucha bondad y cantará con gozo de tu justicia. La petición nuestra es que sus caminos sean afirmados para guardar tus estatutos, pues sabemos que al considerar todos tus mandamientos no será avergonzado; con rectitud de corazón te dará gracias, al aprender tus justos juicios. Que te busque con todo su corazón y nunca se desvíe de tus mandamientos, sino que atesore tu Palabra para no pecar contra Ti. ¡Amén!

Guía de oración por el espíritu de nuestro bebé

Espíritu de nuestro bebé, te hablamos a ti en el nombre de Jesucristo. Escucha atentamente cada palabra que estaremos hablándote pues el deseo de nuestro corazón es instruirte desde el vientre de tu madre sobre la vestimenta espiritual que Dios ha provisto para ti. Bebé, en el nombre de Jesús, escucha con tu espíritu lo que dice la Palabra de Dios: "Estad, pues, firmes, ceñidos vuestros lomos con la verdad, vestidos con la coraza de la justicia." Bebé, estar revestido con la coraza de la justicia significa que de manera gratuita y por su gracia, al darle tu corazón a Jesús, alcanzas salvación por medio de la redención que es en Cristo Jesús. Bebé, Dios ya hizo provisión para tu salvación, pero para que puedas disfrutar de esa salvación tan grande, lo primero que tendrás que hacer es entregarle tu corazón a Jesús y una vez que se lo entregues, revestirte con la justicia de Dios. Bebé, Dios es bueno y conoce lo engañoso que es el corazón, y que como el agua refleja el rostro, así el corazón del hombre refleja al hombre. Ante esta realidad, Dios nos advierte que "Sobre toda cosa guardada, guarda tu corazón, porque de él mana la vida." Bebé, creemos que tu espíritu recibe cada palabra que hemos orado sobre ti y que serás como Josías, quien a los ocho años comenzó a reinar e hizo lo recto ante los ojos del SEÑOR y anduvo en todo el buen camino de su padre David; no se apartó ni a la derecha ni a la izquierda. Creemos que, a una muy temprana edad, le entregas tu corazón a Jesús y que tus ojos se deleitarán en sus caminos. Que Dios te confirma, te unge, te sella y da a tu corazón su Espíritu como garantía de tu salvación. Bebé, oramos que la ley de Dios esté en ti y que no vacilen tus pasos. Que tu deleite sea hacer la voluntad de Dios y que atesores su ley. Padre, te pedimos que crees en nuestro bebé un corazón limpio y un espíritu recto dentro de él. Enséñale, oh SEÑOR, tu camino, para que ande en tu Verdad y tema tu nombre. Dale entendimiento para que guarde tu ley y la cumpla. Permite que tus testimonios los tome como herencia para siempre y que sean el gozo de tu corazón; que incline su corazón para cumplir tus estatutos por siempre y hasta el fin. En el nombre de Jesucristo. ¡Amén!

(Pro 18:10, Cant 7:4, Sal 119:18, Jn 8:12, Job 26:13, Sal 19:8, Sal 145:5-7, Sal 145:8-12 , Sal 119:5-7, Sal 119:10-11, Gen 24:18-22, Ef 6:14, Rom 3:24, Jer 17:9, Pro 27:19, Prov 4:23, 2Re 22:1-2, Pro 23:26, 2Co 1:21-22, Sal 37:31, Sal 40:8, Sal 51:10, Sal 86:11, Sal 119:34, 111-112)

Séptimo Mes

Semanas 27 – 30

Resumen del Proceso del Embarazo

Semana 27: Audición continúa refinándose. La retina está formada.
Semana 28: Cejas y pestañas están claramente visibles. Pelo está creciendo. Ojos están completamente formados. Continúa ganando peso, mayormente en densidad ósea y muscular. Pulmones son capaces de respirar. Puede reconocer sonidos. La sangre del bebé cambia y es capaz de poder cargar su propio oxígeno.
Semana 29: Cerebro ya controla la respiración y temperatura del cuerpo.
Semana 30: Células rojas transportan oxígeno y remueven los desperdicios (monóxido de carbono y otros gases).

El enfoque de las oraciones será:

Semana	Nombre de Dios	Personaje de la Biblia	Alma	Espíritu
27	El Dios que ve	Abraham	Fidelidad	Calzado de la Paz
28	Padre	Josué	Fidelidad	Escudo de la Fe
29	Redentor	María, madre de Jesús	Fidelidad	Yelmo de la Salvación
30	Yo Soy el que Soy	Josaba (escondió a Joás)	Fidelidad	Espada del Espíritu

Fiestas de Israel y el Embarazo

Fiestas de Israel	Embarazo
Fiesta de las Trompetas Lev 23:24: Habla a los hijos de Israel y diles: "En el séptimo mes, el primer día del mes, tendréis día de reposo, un memorial al son de trompetas, una santa convocación."	**Discriminación auditiva** El primer día del mes siete, la audición del bebé está completamente desarrollada. Puede discriminar un sonido por lo que realmente es, por ejemplo el sonido de una trompeta.

Fiestas de Israel y el Embarazo (cont.)

Fiestas de Israel	Embarazo
Fiesta de la Expiación Lev 23:27: "También el décimo día de este mes séptimo será el día de la expiación: tendréis santa convocación, y afligiréis vuestras almas, y ofreceréis ofrenda encendida a Jehová."	**La sangre del bebé cambia** En la segunda semana del séptimo mes, para ser exacto el día diez, la sangre del bebé comienza a producir hemoglobina. Ya no dependerá del oxígeno de la mamá, sino que puede producir su propio oxígeno.
Fiesta de los Tabernáculos Lev 23:34: Habla a los hijos de Israel y diles: "El día quince de este mes séptimo es la fiesta de los tabernáculos; se celebra al SEÑOR por siete días."	**Pulmones lo suficientemente desarrollados como para funcionar** A los quince días del mes siete, los pulmones están lo suficientemente desarrollados como para poder comenzar a funcionar. Nota: El tabernáculo es la casa del espíritu y el espíritu es representado por aire.

Semana 27   ***Estoy vivo y describo mi desarrollo - Mido cerca de 14.4 pulgadas (36.6 cm) y peso unas 1.9 libras (875 gr)***

¡Aleluya! Tú eres el Dios que ve y por tu gracia yo comienzo a ver. Mis párpados están más abiertos y puedo distinguir la luz de la oscuridad. La retina de mis ojos está formada. Mi aspecto ahora es similar al que tendré al nacer, salvo que estoy más delgado y más pequeño. Mis pulmones, el hígado y el sistema inmunológico todavía tienen que madurar. Si naciera en esta semana, tendría buenas posibilidades de sobrevivir; pero ya sabes, aún no pienso dejar mi casita. Me gusta la casita que mi Creador me hizo. A medida que mi audición continúa desarrollándose, comienzo a reconocer la voz de mamá y de papá. Los sonidos se escuchan amortiguados, ya que mis oídos todavía están cubiertos por una sustancia cerosa (*vernix*) que protege mi piel y evita que se agriete con el líquido amniótico. Mi Creador pensó en todo, hasta tengo mi propio humectante. Mi cerebro continúa creciendo rápidamente. Necesito que me hables, que me pongas música y me leas repetidamente los mismos libros. Mi audición continúa refinándose, la próxima semana toda la red de nervios de mis oídos estarán completos. Mis pulmones continúan desarrollándose y se preparan para funcionar fuera de mi casita; mientras tanto, practico respirar pequeñas porciones del líquido de mi piscina personal.

Guía de oración por el desarrollo físico de nuestro bebé

Reconocemos que eres el Dios que ve. Te damos gracias por haber cuidado de la visión de nuestro bebé y por la formación de su retina, responsable de la imagen que nuestro bebé percibirá. Te pedimos que le impartas a sus ojos la misma bendición que le impartiste a los de tu siervo Moisés, que tenía 120 años cuando murió y no se habían apagado sus ojos, ni había perdido su vigor. Gracias por hermosear a nuestro bebé. Creemos que si es una niña, será hermosa como Sara, la esposa de Abraham y si es varón, bien parecido como Absalón. Amado Dios, tu Palabra indica que formaste al hombre del polvo de la tierra y soplaste en su nariz el soplo de vida. Y fue el hombre en alma viviente y nosotros creemos que de esta misma forma fuiste Tú quien le impartió el soplo de vida a nuestro bebé y por ello te damos gracias. Te pedimos que también cubras con tu sombra aquellos órganos que continúan en desarrollo, tales como sus pulmones e hígado. Permite que sus pulmones sean fuertes y cumplan perfectamente su función de oxigenar su sangre. Que su hígado pueda producir y eliminar la bilis, metabolizar los carbohidratos y las grasas, encargarse de la formación o síntesis de proteínas y de factores de coagulación de la desintoxicación de su sangre. Te pedimos que de la misma forma que cuidaste de tu pueblo cuando lo sacaste de Egipto, apartando de ellos todo tipo de enfermedad, permitas que el sistema inmunológico de nuestro bebé convierta su cuerpo en un muro impenetrable a cualquier enfermedad, al tener la capacidad de reconocer y atacar los organismos patógenos. Gracias por haber cuidado de su audición. Te pedimos que, así como Samuel pudo escuchar tu voz cuando la Palabra escaseaba, nuestro bebé escuche y reconozca tu voz desde el vientre de su madre. Que se regocijen sus entrañas cuando tus labios le hablen. Gracias por tus detalles de cubrir y proteger la piel de nuestro bebé con su propio humectante. Protege las múltiples conexiones neurológicas que se están llevando a cabo en su cerebro e impártele de tu inteligencia pues reconocemos que el SEÑOR da sabiduría y que de su boca vienen el conocimiento y la inteligencia. ¡Amén!

Guía de oración por el alma de nuestro bebé (emociones-mente-voluntad)

Bendito seas Tú, el Dios que ve y al que nada le es oculto. Nuestros ojos miran hacia Ti, oh DIOS y en Ti nos refugiamos. Nuestros corazones rebosan de alegría, pues sabemos que tus ojos han estado sobre nuestro bebé desde el mismo día de su concepción. Es por esto que unimos nuestras voces a las voces en el cielo que proclaman: "Digno eres, SEÑOR y Dios nuestro, de recibir la gloria, el honor y el poder porque Tú creaste todas las cosas, y por tu voluntad existen y fueron creadas." Buen SEÑOR, te pedimos que la fidelidad, fruto del Espíritu Santo, abunde en la vida de nuestro bebé. Te pedimos que lo levantes para Ti como un sacerdote fiel, que hará conforme a los deseos de tu corazón. Que le edifiques una casa duradera y que él ande siempre delante de Ti. Que su corazón sea como el de Abraham, a quien Tú, el SEÑOR Dios, escogiste, porque hallaste fiel su corazón delante de Ti e hiciste con él un pacto para darle la tierra del cananeo, del heteo, del amorreo, del ferezeo, del jebuseo y del gergeseo, para darla a su descendencia. Y has cumplido tu Palabra, porque eres justo. Oramos que tu Palabra abunde en él a fin de que al abrir su boca, dé a conocer, sin temor, el misterio del evangelio y que lo haga con denuedo. Que no importa las circunstancias que le rodeen, nunca se avergüence del evangelio. Que tenga la convicción de que la Palabra de la cruz es necedad para los que se pierden, pero poder de Dios para los que se salvan. En el nombre de Jesús. ¡Amén!

El Embarazo: el mejor tiempo para sumergir a su bebé en oración

Guía de oración por el espíritu de nuestro bebé

Bebé, queremos que escuches atentamente con tu espíritu lo que Dios dice sobre ti. Por lo tanto, en el nombre de Jesucristo, dirigimos nuestra voz directamente a tu espíritu: "Bendito sea el Dios y Padre de nuestro SEÑOR Jesucristo, que nos bendijo con toda bendición espiritual en los lugares celestiales en Cristo, según nos escogió en Él antes de la fundación del mundo, para que fuésemos santos y sin manchas delante de Él, en amor habiéndonos predestinado para ser adoptados hijos suyos por medio de Jesucristo, según el puro afecto de su voluntad, para alabanza de la gloria de su gracia, con la cual nos hizo aceptos en el Amado." Bebé, nosotros tus padres te bendecimos con la certeza de que eres el hijo amado de Dios, que Él te conoce y que te creó para que le des gloria a su nombre. Te bendecimos con la capacidad de escuchar su voz y conocer el diseño de Dios para tu vida. Te bendecimos con un espíritu enseñable, que reconoce que su identidad está en Cristo Jesús y que solamente en Cristo podrás cumplir tu diseño y encontrar plenitud de vida. Declaramos que desde el vientre de tu madre tus pies son calzados con la preparación para anunciar el evangelio de la paz. Caminar en la paz de Dios es un acto de violencia, donde tendrás que aprender que "la paz de Dios es un gran tesoro que Dios nos da; un tesoro que el mundo no conoce y necesita." Oramos que las circunstancias del mundo no turben tu corazón ni el miedo se apodere de ti. Oramos que conocerás al Príncipe de Paz y que tus pies siempre estarán calzados con esta pieza de la armadura de Dios. Te bendecimos con una paz y un espíritu de evangelista que emane de ti y lleve a otros a querer saber más sobre el Príncipe de Paz. Te bendecimos con un caminar lleno de la presencia de Dios, donde tus conversaciones diarias le darán gloria a Dios. Te bendecimos con los pies de uno que lleva las buenas nuevas de gran gozo con una sencillez que haga que la gente comprenda, crea, se arrepienta y entregue sus vidas a Cristo. En el nombre de Jesucristo. ¡Amén!

(Gen. 15:20-21, Deut 34:7, 2Sa 14:25, Gen 12:14, Gen 2:7, Deut 7:15, 1Sa 3:10, Pro 23:16, Pro 2:6, Gen 16:13, Sal 141:8, Apo 4:11, 1Sa 2:35, Neh 9:7-8, Ef 6:19-20, 1Co 1:18, Ef 1:3-6, 6:15, Jn 14:27)

Semana 28 — Estoy vivo y describo mi desarrollo - Mido cerca de 14.8 pulgadas (37.6 cm) y peso unas 2.2 libras (1,005 gr)

Mi Dios determinó que sería Padre para mí y que yo sería su hijo. Me construyó una casita dentro del vientre de mi mamá y se ha ocupado de, milagrosamente, continuar entretejiendo mi cuerpo. Los pliegues y surcos de mi cerebro siguen su crecimiento y expansión. Mi Dios continúa depositando en mí de su inteligencia. ¡Se maravillarán de todo lo que soy capaz de hacer a esta tierna edad! Mis ojos están completamente formados, mis cejas y pestañas están claramente visibles, ya puedo abanicar mis ojos; quizás los vean en la próxima visita que hagan al médico. Mi pelo está creciendo. Estoy seguro que están deseosos por descubrir a quien me parezco y de qué color son mis ojos y mi pelo. Paciencia, ya falta muy poco y es mejor que permanezca un tiempito más en la casita transitoria que mi Padre me hizo, mientras continúo ganando peso, mayormente en densidad ósea y muscular. Mi tono muscular mejora y sentirás cómo hago ejercicios dentro de mi casita; les parecerá que me preparo para las olimpiadas. Mis pulmones son capaces de respirar, pero aún no estoy listo para respirar por mí mismo fuera de mi casita. Puedo reconocer sus voces y me gusta escucharlos. Me gusta que me oren, lean y que me canten. Escuchar sus voces me ayuda a tranquilizarme.

Guía de oración por el desarrollo físico de nuestro bebé

Amado Padre, nuestros corazones se regocijan y te adoran ante la grandeza de tu nombre y tu amor hacia tus hijos. Maravilloso eres y nuestros corazones lo saben muy bien. El milagro de la concepción y desarrollo de nuestro bebé es la obra tuya, un Dios que se ha identificado a sí mismo como Padre de huérfanos, que no abandona a sus hijos. Nuestro conocimiento limitado ignora cuál es el camino del espíritu, o cómo crecen los huesos en el vientre de la mujer encinta, pero una cosa sí sabemos: que la formación y desarrollo de nuestro bebé no ha estado fuera de tu vista. Has sido Tú, como padre amante, quien lo has entretejido majestuosamente dentro del seno de su madre y por ello te alabaremos; porque asombrosas y maravillosas son tus obras y nuestras almas lo saben muy bien. Te pedimos que entretejas en lo más íntimo de cada pliego y surco de su cerebro de tu sabiduría e inteligencia, a la vez que hermoseas sus facciones físicas. Dale ojos como de paloma, que te miren a Ti, una cabellera hermosa y abundante como la de Absalón, pero un corazón como el de David. Declaramos que, desde el vientre, sus ojos te mirarán. Sus músculos se fortalecen, pues Tú eres su fuerza y su escudo, por lo tanto, su corazón se regocijará. Profetizamos que tu voz le es conocida, que sus pulmones se fortalecen con tu mirada sobre ellos. Que cada respirar de nuestro bebé es un cántico de gratitud, pues su Amado Padre le ha traído a la sala del banquete y tu estandarte sobre él es el amor. ¡Amén!

Guía de oración por el alma de nuestro bebé (emociones-mente-voluntad)

Oh SEÑOR, eres nuestro Padre y te damos gracias por amarnos como nos amas y por modelar el amor de padre. Dependemos de tu fidelidad para saber cómo criar a nuestro bebé y confiamos que ya te le has revelado como su Padre amoroso. Te pedimos que lo sostengas para estar seguro y que, continuamente, preste atención a tus estatutos. Sé su escondedero y su escudo. Aparta de él a los malhechores y ayúdalo a que guarde tus mandamientos. Padre, te pedimos que lo prepares para cumplir tu propósito en la vida. Permite que sea fuerte y valiente y que, al igual que Josué, sepa servir y someterse fielmente a los mentores que Tú colocas sobre él. Sostenlo conforme a tu promesa para que viva y que nunca se avergüence de Ti, su esperanza. Permite que la semilla de la fidelidad, fruto del Espíritu Santo, esté firmemente arraigada en él y que su mirada se mantenga en las cosas de arriba, no en las de la tierra. Ábrele la mente para que comprenda las Escrituras, anhele tu salvación y tu ley sea su deleite. Que a una temprana edad te entregue su vida y muera a las cosa del mundo tales como a la fornicación, la impureza, las pasiones, los malos deseos y la avaricia, que es idolatría. Que su vida esté escondida con Cristo en Dios y Tu mano esté pronto a socorrerlo, porque tus preceptos habrá escogido. Oh Padre, permite que, como hijo tuyo, cante su lengua de tu Palabra, porque todos tus mandamientos son justicia, que viva su alma para alabarte y que tus ordenanzas lo ayuden. ¡Amén!

Guía de oración por el espíritu de nuestro bebé

Nuestro muy amado bebé, en el nombre de Jesucristo, hablamos ahora a tu espíritu. Escucha atentamente pues te vamos a hablar sobre otra pieza de la armadura que nuestro Dios ha preparado para ti. Se trata del escudo de la fe. Escucha con tu espíritu lo que la Palabra de Dios te dice sobre esta pieza de la armadura: "Sobre todo, tomad el escudo de la fe, con que podáis apagar todos los dardos de fuego del maligno." Un escudo es un arma defensiva que se usa para cubrirse y protegerse de un ataque o unos golpes;

y la fe es creer con toda certeza que lo que estamos esperando llegará. También, es un arma ofensiva con la que se puede llegar al enemigo para atacarlo y vencerlo. Por lo tanto, con el escudo de la fe se ataca toda duda de lo que Dios ha prometido. Es la convicción de que, aunque no vemos, llegará aquello que estamos esperando. Bebé, cada oración que hemos hecho sobre ti es un acto de fe. Estamos convencidos que, aunque no vemos tu espíritu, el mismo está siendo vivificado por el poder de la Palabra que estamos orando sobre ti; ya que la fe viene por el oír, y el oír, por la palabra de Dios, y que la justicia de Dios se revela por fe y para fe. Por fe creemos que estamos estableciendo un escudo de protección a tu alrededor. Por fe, no por vista, creemos que Él es escudo a todos los que a Él se acogen. Que es escudo en derredor tuyo, tu gloria y el que levanta tu cabeza. Bebé, la Palabra de Dios declara que para los que adoran a Dios y confían en Él, Él es su ayuda y su escudo. Él bendecirá a los que le temen, tanto a pequeños como a grandes. Bebé, escucha atentamente con tu espíritu lo que la Palabra de Dios te dice sobre la fe: "Pero sin fe es imposible agradar a Dios; porque es necesario que el que se acerca a Dios crea que le hay y que es galardonador de los que le buscan." Nosotros te bendecimos con la capacidad de creer como Abraham, que creyó en esperanza contra esperanza, te bendecimos con una fe inquebrantable en la Palabra de Dios y en el convencimiento pleno de que lo que Dios ha prometido es poderoso para cumplirlo, por lo cual tu fe te será contada por justicia. En el nombre de Jesucristo. ¡Amén!

(2Sa 7:14 Ecl 11:5, Sal 139:13-15, Sal 141:8, Job 38:36, 2Sa 14:26, Sal 28:7, Can 2:4, Isa 63:16, Sal 119:117, 114-116, Col 3:2, Sal 119:174, Luc 24:45, Col 3:3-5, Sal 119:173, 172, 175, Ef 6:16, Rom 10:17, Rom 1:17, 2 Co 5:7, 2Sa 22:31, Sal 3:3, Sal 115:11,13, Heb 11:6, Rom 4:18, 21-22)

Semana 29   ***Estoy vivo y describo mi desarrollo - Mido cerca de 15.2 pulgadas (38.6 cm) y peso unas 2.54 libras (1,153 gr)***

Mi Redentor vive, y se ocupa de mí. Soy toda una hermosura, ya no parezco un extraterrestre. Mi cabeza ahora guarda proporción al resto de mi cuerpo y mi apariencia es la de un recién nacido. Voy ganando peso mientras me preparo para salir de mi casita transitoria y ser recibido en los brazos de la familia que mi Redentor escogió para mí. Ya puedo imaginarme como será nuestro primer encuentro. Seré como un antídoto: mamá se olvidará de los dolores de parto que tuvo, ambos me examinarán de arriba hacia abajo, llorarán de gozo y le darán gracias a mi Creador por mí. Suena excitante, ¿verdad? Definitivamente que será amor a primera vista. Mi cerebro ya controla mi respiración y la temperatura de mi cuerpo. Mis ojos se mueven y pronto podré seguir una luz parpadeante. Ya muestro una preferencia por ciertos olores y sabores, a la vez que ha aumentado mi sensibilidad a los cambios de luz, sonido, sabor y olores. Mantengo mi régimen de ejercicios, me muevo de lado a lado y hago acrobacias. Necesito mantenerme en forma, pues quién sabe si algún día danzaré para mi Redentor. Aún mantengo mi cabeza hacia arriba.

Guía de oración por el desarrollo físico de nuestro bebé

Oh Redentor nuestro, tus manos formaron nuestro bebé. Permite que mientras oramos por nuestro bebé, Tú le hagas entender y aprender tus mandamientos. Gracias por hacerlo un alma viviente y por su formación. Gracias por cada detalle que has depositado en su cuerpo físico, gracias por su apariencia de bebé recién nacido. Te pedimos que, así como Eliseo oró para que los ojos de su siervo fueran abiertos al mundo espiritual y vieran como Tú, nuestro Redentor, peleas a nuestro favor, los ojos y oídos físicos y espirituales de nuestro bebé reciban la orden de ser abiertos para ver y escuchar. Amado Redentor, nuestro bebé es una manifestación de la obra hecha por Ti, y por cuanto Tú eres la luz del mundo y el que te sigue a Ti no andará en tinieblas, él tendrá la luz de la vida. Te pedimos que a medida que aumenta su sensibilidad a la luz, tu luz brille sobre nuestro bebé. Que pueda abrir su boca y suspirar, porque desea tus mandamientos y que mientras sus sentidos físicos son cuidadosamente desarrollados, sus sentidos espirituales también lo sean. Que su oído examine las palabras como el paladar gusta para comer y que los dichos de su Redentor le sean dulces a su paladar más que la miel a su boca. Por cuanto tus hijos somos aroma de Cristo para nuestro Redentor, permite que nuestro bebé sea una manifestación de la fragancia de tu conocimiento en todo lugar. Dichoso el hombre que tiene su fortaleza en Ti, en cuyo corazón están tus caminos; declaramos que la fuerza de nuestro bebé para hacer cada movimiento proviene de su Redentor. ¡Amén!

Guía de oración por el alma de nuestro bebé (emociones-mente-voluntad)

Nosotros sabemos que nuestro Redentor vive y éste es el pacto que ha hecho: "Pondrá sus leyes en nuestras mentes y las escribirá sobre nuestros corazones." Redentor nuestro, reclamamos estas promesas sobre nuestro bebé y te pedimos que la semilla de la fidelidad, fruto del Espíritu Santo, sea sembrada en su corazón. Permite que, así como María la madre de Jesús recibió tus palabras, las atesoró y se mantuvo fiel a Ti, nuestro bebé se mantenga fiel a Ti. Profetizamos que no importa las circunstancias que tenga que enfrentar, al igual que María, nuestro bebé es de los de firme propósito y que persiste en las cosas que ha aprendido, convencido de quién las ha aprendido. Que desde el vientre de su madre conocerá las Sagradas Escrituras, las cuales lo llevarán a salvación mediante la fe en Cristo Jesús y a estar equipado para toda buena obra. Amado Dios, te pedimos que le des lengua de discípulo para que sepa sostener con una palabra al fatigado y que, mañana tras mañana, despiertes su oído para escuchar los dichos de tu boca. Declaramos que las palabras de su boca y la meditación del corazón de nuestro bebé serán gratas a Dios y que nuestro bebé será aroma fragante de Cristo entre los que se salvan y entre los que se pierden. La sabiduría entrará en su corazón y el conocimiento será grato a su alma. Profetizamos que nuestro bebé es parte de la generación de los que buscan tu rostro. Que tus preceptos alegran su corazón y tus mandamientos alumbran sus ojos; y se graban en su mente tus leyes y Tú las escribes sobre su corazón, a fin de que tu ley perfecta restaure su alma y lo haga sabio. ¡Amén!

Guía de oración por el espíritu de nuestro bebé

Espíritu de nuestro bebé, te hablamos a ti en el nombre de Jesucristo. Escucha atentamente cada palabra que estaremos hablándote, pues queremos alimentarte con la Palabra de Dios y continuar instruyéndote sobre otra de las piezas de la vestidura de poder que Dios pone a nuestra disposición. Bebé, escucha con tu espíritu la Palabra de Dios: "Y tomad el yelmo de la salvación". Un yelmo es una pieza que se utiliza para proteger la cabeza. Bebé, en tu caminar por la vida, Satanás, tu enemigo, intentará atacar tus pensamientos y hacerte dudar del amor de Dios y del plan de salvación que Dios ha provisto para todo aquel que acepta a Jesús como su salvador. Nuestra oración es que, a una muy temprana edad, tú le entregues a Dios tu corazón para que seas vestido del nuevo hombre, el cual, en la semejanza de Dios, ha sido creado en la justicia y santidad de la verdad a fin de que tu mente no sea desviada de la sencillez y pureza de la devoción a Cristo. Oramos que tendrás convicción de salvación y conocimiento espiritual de la grandeza de esa salvación que Cristo ganó para todo aquel que lo acepta como su salvador. Declaramos que la certeza de salvación te preservará en el día del conflicto y apagará los dardos que el enemigo te lance. Bebé, profetizamos que conocerás la grandeza de la salvación en Cristo, que tu esperanza no estará en las cosas que ves sino en la Palabra de Dios que establece que Él viene y hace morada en ti a través del Espíritu Santo y que ha dicho que nunca te dejará. En el nombre de Jesús. ¡Amén!

(Job 19:25, Sal 119:73, Gen 2:7, 2Re 6:17, Jn 3:21, 8:12, Sal 119:131, Job 34:3, Sal 119:103, 2Co 2:14-15, Sal 84:5, Pro 2:1, 1Tim 3:14-17, Isa 50:4, Sal 19:14, 2Co 2:15, Prov 2:10, Sal 24:6, 19:7-8, Heb 8:10, Job 19:25, Heb 8:10-12 , Mat 26:28, Ef 6:17, 4:24, 2Co 11:3b, Jn 14:18,16)

Semana 30 **Estoy vivo y describo mi desarrollo - Mido cerca de 15.7 pulgadas (39.9 cm) y peso unas 2.9 libras (1,319 gr)**

El gran YO SOY EL QUE SOY, me ha enviado a ustedes. Miren cuánto he crecido dentro de mi casita. Ya peso unas tres libras. Es una maravilla cómo logro acomodarme en este espacio que cada día se hace más pequeño. Continúo haciendo mis acrobacias; les digo que puedo competir en las próximas olimpiadas. También soy una belleza. Las uñas de mis pies entran en su fase final de crecimiento y mi pelo ha comenzado a hacer su aparición. Mi médula ósea ahora es la responsable de la producción de mis células rojas. No dejen de cubrirla en oración, ya que estas células rojas transportan oxígeno y remueven los desperdicios (monóxido de carbono y otros gases) de mi cuerpo. Ya puedo producir lágrimas, pero ¿por qué habría de llorar, si solamente he experimentado el amor de ustedes y los cuidados de mi Creador? Mis ojos se mueven de lado a lado y pueden seguir una luz. Quizás hasta extienda la mano para tocar la fuente de la luz. Mi cabeza va creciendo a fin de hacer espacio para el rápido crecimiento que mi cerebro está llevando acabo. El lanugo comienza a desaparecer. Me entretengo abriendo y cerrando los ojos y haciendo acrobacias. Les digo que soy un campeón olímpico, belleza y genio. No dejen de hablarme, orar por mí, cantarme esa nana especial que escribieron para mí y de leerme mi cuento favorito.

Guía de oración por el desarrollo físico de nuestro bebé

Padre, tu existencia es inigualable, eres quien eres, el gran YO SOY, y tu grandeza no deja de asombrarnos. Te damos gracias porque perfecto es tu camino; tu Palabra purifica y es escudo para todos los que en Ti esperan. Declaramos tu Palabra sobre la médula ósea de nuestro bebé y la bendecimos con la capacidad de producir las células rojas que transportan oxígeno y remueven los desperdicios de su cuerpo. Creemos que Tú, el gran YO SOY, estás en medio de nuestro bebé; le salvas, te gozas y te regocijas sobre él con cánticos de amor. Que has destruido todo poder de la muerte que hubiese intentado acercarse a nuestro bebé. Como el gran YO SOY, velas sobre el crecimiento de su cabeza, unges su cabeza con tu aceite y derramas de tu unción sobre su cerebro. Te pedimos que le hables a su corazón y permitas que las palabras que le hablamos y le oramos, se graben en su corazón y memoria. Hemos orado tu Palabra sobre nuestro bebé, pues sabemos que toda la Escritura es inspirada divinamente y es útil para enseñar, para redargüir, para corregir y para instituir en justicia. ¡Amén!

Guía de oración por el alma de nuestro bebé (emociones-mente-voluntad)

Y dijo Dios a Moisés: "YO SOY EL QUE SOY." Y añadió: Así dirás a los hijos de Israel: "YO SOY me ha enviado a vosotros. Este es mi nombre para siempre y con él se hará memoria de mí de generación en generación." Tú eres nuestro gran YO SOY EL QUE SOY y profetizamos que por cuanto tu Palabra hace todo aquello para lo cual es enviada, tu Palabra se está estableciendo en el corazón de nuestro bebé. Las palabras de tu boca le son gratas y la meditación de su corazón ya está delante de Ti, oh SEÑOR, roca nuestra y redentor nuestro. Profetizamos que tu palabra le es deseable más que el oro; sí, más que mucho oro fino, más dulce que la miel y que el destilar del panal. Habrá un temor limpio en su corazón, que permanecerá para siempre, y conocerá que los juicios del SEÑOR son verdaderos; todos ellos son justos. Además, será amonestado por ellos, sabiendo que en guardarlos hay gran recompensa. Sabemos que él solo no podrá discernir sus propios errores, por lo cual te pedimos que le absuelvas de los que le son ocultos. Guárdalo de pecados de soberbia, que no se enseñoreen de él. Entonces será íntegro y será absuelto de gran transgresión. Amado Dios, profetizamos que la fidelidad, fruto del Espíritu Santo, es parte de la genética de nuestro bebé y que permanecerá fiel a tus estatutos. Durante su caminar por la vida, sus actos serán de valentía y fidelidad como los de Josaba, la hija de Joram, quien arriesgó su propia vida para salvar la vida de uno de los hijos del rey y lo escondió en su alcoba a fin de preservarle la vida.

Guía de oración por el espíritu de nuestro bebé

Bebé, escucha de nuevo con tu espíritu, la Palabra de Dios para tu vida. Bebé, hasta ahora todas las piezas de tu vestimenta espiritual eran piezas de protección y cada una de ellas es importante. Pero esta semana queremos presentarte una pieza diferente, una pieza de ataque directo al enemigo de las almas. Escucha con tu espíritu la Palabra de Dios: "Y tomad el yelmo de la salvación, y la espada del Espíritu que es la palabra de Dios." Oh bebé, oramos a Dios que la Palabra de Dios que estamos orando sobre ti, cobre vida en tu espíritu, se grabe en tu mente y en tu corazón. Bebé, la palabra de Dios es viva y eficaz y más cortante que cualquier espada de dos filos; penetra hasta la división del alma y del espíritu, de las coyunturas y los tuétanos, y es poderosa para discernir los pensamientos y las intenciones del corazón. Es la única arma que tiene poder para derrotar a Satanás, tu enemigo. Profetizamos que amarás la Palabra de Dios, que no andarás en el consejo de los impíos, no te detendrás en el camino de los pecadores, ni te sentarás en la silla de los escarnecedores, sino que en la ley del SEÑOR estará tu deleite y en su ley meditarás de día y de noche. Decretamos que profunda indignación se apoderará de ti por causa de los impíos que abandonan la ley de Dios. Que por la noche te acordarás del nombre de tu SEÑOR y a medianoche te levantarás para darle gracias a Dios por sus justas ordenanzas. Que te apresurarás y no te tardarás en guardar sus mandamientos. Serás compañero de todos los que le temen y de los que guardan sus preceptos. En el nombre de Jesús. ¡Amén!

(Exo 3:14, 2Sa 22:31, Sof 3:17, Isa 25:8ª, Sal 23:5b, 2Ti 3:16, Exo 3:1415, Isa 55:11, Sal 19:14, 10, 9,11-13, 2Re 11:2-3, Ef 6:17, Heb 4:12, Sal 1:1-2, 119:53, 55, 62, 60, 63)

Octavo Mes

Semanas 31 – 35

Resumen del Proceso del Embarazo

Semana 31: El ritmo de crecimiento físico disminuye un poco, continúa ganando bastante peso. El cerebro ahora entra a un nuevo ritmo de crecimiento, produciendo cientos de billones de nuevas células nerviosas.

Semana 32: Los cinco sentidos ya están trabajando. Las uñas de los dedos de los pies ya están completamente formadas.

Semana 33: El tamaño de su cabeza ha aumentado 3/8" debido al rápido crecimiento del cerebro. Si es un varón, sus testículos continúan descendiendo al escroto.

Semana 34: Tiene su propia rutina para dormir y estar despierto. Ha aprendido a parpadear. Puede que haya asumido una posición de cabeza.

Semana 35: La mayoría de los bebés que nazcan en esta semana podrán sobrevivir sin mayores problemas. La audición está completamente desarrollada. Si es un varón, se habrá completado el proceso de descenso sus testículos.

El enfoque de las oraciones será:

Semana	Nombre de Dios	Personaje de la Biblia	Alma	Espíritu
31	La Roca	Jesús	Mansedumbre	Oración
32	Santo de Israel	Samuel	Mansedumbre	Conozca dones y Don de Sabiduría
33	Dios Eterno	Moisés	Mansedumbre	Don de Conocimiento
34	Sol de Justicia	Juan el Bautista	Mansedumbre	Don de Fe
35	Dios que hace Milagros	José, el esposo de María	Mansedumbre	Dones de Sanidad

Fiestas de Israel y El Embarazo

Fiestas de Israel	Embarazo
No aplica	No aplica

Semana 31   *Estoy vivo y describo mi desarrollo - Mido cerca de 16.2 pulgadas (41.1 cm) y peso alrededor de 3.3 libras (1,502 gr)*

La Roca de Israel me ha hecho crecer y aunque mi ritmo de crecimiento físico ahora disminuye un poco, ya que no creceré mucho en longitud, continúo ganando bastante peso. Grasa continúa acumulándose; esta capa de grasa hace que mi piel asuma el hermoso color que tendré al nacer. Estoy acumulando calcio, fósforo y hierro; mis huesos están creciendo y endureciendo. Mi cerebro ha entrado a un nuevo ritmo de crecimiento produciendo cientos de billones de nuevas células nerviosas. Increíble, puede que hasta me mueva al ritmo de la música y muestro una preferencia por ciertos tipos de música sobre otras. A esta corta edad soy capaz de danzar para mi Creador. Verdaderamente soy una obra maestra de mi Creador. Estoy orinando varias tazas de orina por día en el líquido amniótico, ¿se imaginan que tuvieran que pensar en pañales? También estoy tragando líquido amniótico, que majestuosamente se regenera completamente varias veces por día de la misma manera que la gloria de Dios siempre es nueva. Mis pulmones son el único órgano principal que queda por completar su desarrollo. Sé que están deseosos por tenerme en sus brazos, pero es necesario que aún permanezca un tiempo más en mi casita, pues cada día que permanezco aquí mejoran mis probabilidades de poder respirar por cuenta propia fuera del útero de mamá.

Guía de oración por el desarrollo físico de nuestro bebé

Amado Dios, te pedimos que así como la Roca de Israel ha permanecido firme, nuestro bebé permanezca firme en el vientre de su madre, creciendo y siendo confortado por el Espíritu Santo hasta que llegue el día de su nacimiento. Creemos que el Espíritu Santo de Dios lo llena de sabiduría y que la gracia de Dios está sobre él. Te pedimos que le des huesos fuertes como el acero y que sus miembros sean como barras de hierro. Profetizamos que se alegrará en la danza desde su niñez, junto a los jóvenes y los ancianos. Te pedimos que durante este nuevo ritmo de crecimiento de su cerebro, cuides los cientos de billones de nuevas células nerviosas que se están produciendo. Permite que cada conexión neurológica de su cerebro esté entretejida con tu inigualable inteligencia y creatividad. Creemos que nuestro bebé está siendo enseñado por Ti, la Roca de Israel y que Tú multiplicarás su paz, pues tuyo es el consejo, la prudencia, la inteligencia y el poder. Oh, Roca de Israel, Tú eres la porción de nuestra herencia y de nuestra copa. Tú sustentas la suerte de nuestro bebé, le darás a conocer el preciso momento en que debe nacer, le mostrarás la senda de la vida fuera de la matriz de su madre. Mientras tanto, todos nos deleitamos en tu presencia donde hay plenitud de gozo; en tu diestra hay deleites para siempre. ¡Amén!

Guía de oración por el alma de nuestro bebé (emociones-mente-voluntad)

Tú eres nuestra Roca firme y sabemos que podemos confiar en tus promesas y reclamarlas sobre nuestro bebé. Es por eso que te pedimos que lo bendigas con mansedumbre, fruto del Espíritu Santo.

Que como escogido de Dios, santo y amado, sea revestido de tierna compasión, bondad, humildad, mansedumbre y paciencia; soportando a los demás y perdonándolos. Si alguno tiene queja contra él, que así como Jesús perdonó, también él lo haga. Te pedimos que tenga una buena conciencia, para que en aquello en que es calumniado, sean avergonzados los que difaman su buena conducta en Cristo. Pues es mejor padecer por hacer el bien, si esa es la voluntad de Dios, que por hacer el mal. Te pedimos que pueda aprender de Ti que eres manso y humilde de corazón, a fin de que encuentre descanso para su alma. Permite que viva de una manera digna de la vocación con que ha sido llamado desde el vientre de su madre, esforzándose por preservar la unidad del Espíritu en el vínculo de la paz. Que santifique a Cristo como SEÑOR en su corazón, estando siempre preparado para presentar defensa ante todo el que le demande razón de la esperanza que hay en él, pero haciéndolo con mansedumbre y reverencia. ¡Amén!

Guía de oración por el espíritu de nuestro bebé

Bebé, dirigimos nuestras voces a tu espíritu en el nombre de Jesucristo. Lo que te vamos a enseñar son verdades espirituales que solamente pueden ser comprendidas por tu espíritu. Vamos a instruirte sobre otra pieza de la vestimenta espiritual que Dios pone a tu disposición. Bebé, escucha con tu espíritu la Palabra de Dios para ti: "orando en todo tiempo con toda oración y súplica en el Espíritu, y velando en ello con toda perseverancia y súplica por todos los santos." Bebé, la oración es lo más maravilloso que Dios nos ha dado después de la salvación. Orar es hablar con Dios. A veces, hablarás con Él usando tus pensamientos o emociones, pero el anhelo de tus padres es que aprendas a conectarte espiritualmente con Dios. Orar en el espíritu es unir tu espíritu al Espíritu de Dios. Es cuándo se da el misterio de que tu espíritu comienza a proclamar la voluntad del SEÑOR en el cielo por medio de tu boca. Bebé, profetizamos que tu espíritu anhelará las cosas espirituales y que tendrás la confianza, delante de Dios, de saber que si pides cualquier cosa conforme a su voluntad, Él te oye. Y con esa confianza le preguntarás acerca de las cosas venideras tocante a sus hijos. Bebé, profetizamos que eres una piedra viva, edificado como casa espiritual para un sacerdocio santo, para ofrecer sacrificios espirituales aceptables a Dios por medio de Jesucristo. Que serás un intercesor conectado espiritualmente con Dios y que, conforme a su misericordia, Él escuchará tu voz y te vivificará conforme a sus ordenanzas. Profetizamos que tendrás tu propio aposento de oración, que sabrás y anhelarás cerrar la puerta para orar a tu Padre que está en secreto, y tu Padre, que ve en lo secreto, te recompensará en público. Tus oraciones privadas y públicas serán oraciones en el espíritu, las cuales no dependerán de vanas repeticiones sin sentido. Serán oraciones tan poderosas que llenarán el lugar donde estés orando y provocarán que descienda el fuego y la gloria del SEÑOR. Harán que todos postren su rostro en tierra sobre el pavimento y adoren y alaben al SEÑOR diciendo: "Ciertamente Él es bueno; ciertamente su misericordia es para siempre". En el nombre de Jesús oramos esto sobre ti. ¡Amén!

(Gen 49:24, Lc 2:40, Lc 1:80, Job 40:18, Jer 31:13a, Isa 54:13, Pro 8:14, Sal 16:5,11, Gal 5:22-23, Col 3:12-13, 1Pe 3:16-17, Ef 4:1-3, 1Pe 3:15, 1Co 2:13, Ef 6:18, 1Jn 5:14, Isa 45:11, 1Pe 2:5, Sal 119:149, Mat 6:6-7, 2 Cr 7:1, 3)

Semana 32   *Estoy vivo y describo mi desarrollo - Mido unas 16.7 pulgadas (42.4 cm) y peso cerca de 3.75 libras (1,702 gr)*

En esta semana uno mi voz a la de ustedes para cantarle alabanzas al Santo de Israel, el que me da mis últimos toques. ¡Cuánto he crecido y lo que me falta! Estoy ganando peso. Las uñas de los dedos de mis pies ya están completamente formadas y mi pelo continúa creciendo. Me parece que deben ir pensando en qué estilista me dará mi primera pedicura y recorte. Mientras tanto, me imagino que se preguntan si tendré el pelo de papá o el de mamá. Mamá, habrás notado que ya no hago tantas acrobacias. No te preocupes, estoy bien, es que mi casita cada vez se hace más pequeña y comienzo a quedarme sin espacio para moverme libremente. ¡Aunque no dejo de practicar mis nuevas destrezas! Mis cinco sentidos ya están trabajando. Puedo oler, tocar, escuchar, ver y saborear mi entorno. Estoy maravillado con mis cinco sentidos y me paso el tiempo practicando utilizarlos todo lo más posible.

Guía de oración por el desarrollo físico de nuestro bebé

Unimos nuestras voces a la de nuestro bebé para cantar alabanzas al Santo de Israel. Así como cantó Moisés y los hijos de Israel este cántico al SEÑOR y dijeron: "Cantaré yo al SEÑOR, porque se ha magnificado grandemente, echando en el mar al caballo y al que en él subía." Gracias por los últimos toques que le das a nuestro bebé, por la hermosura y los encantos que le depositas. Declaramos que sus cinco sentidos físicos han de funcionar perfectamente ya que han estado bajo el cuidado del Santo de Israel. Te pedimos que su hermosura sea como el alba, como una luna llena, refulgente como el sol e imponente como escuadrones abanderados. Profetizamos que si es varón, su cabeza estará elevada como el Monte Carmelo y sus cabellos serán como hilos de brillante púrpura. Sus ojos son como palomas junto a corrientes de agua, bañados en leche, colocados en su engaste. Sus mejillas como eras de bálsamo, como riberas de hierbas aromáticas; sus labios como lirios que destilan mirra líquida. Sus manos serán barras de oro engastadas; su vientre, marfil tallado recubierto de zafiros. Sus piernas, columnas de alabastro asentadas sobre bases de oro puro; su aspecto como el Líbano: gallardo como los cedros. Su paladar dulcísimo y todo él, deseable. Así será nuestro bebé, si es varón. Si es una niña, sus ojos serán como palomas detrás de un velo; su cabellera, como hileras de seda pura. Sus dientes serán como perlas mellizas. Sus labios serán como hilo de escarlata y su boca, encantadora. Sus mejillas, como mitades de granada detrás de un velo. Su cuello, como la torre de David, edificada con hileras de piedras; sus dos pechos, como dos crías mellizas de gacela, que pasean entre lirios. Las curvas de sus caderas serán como joyas, obra de manos de artífice, su ombligo como una taza redonda; su vientre como montón de trigo cercado de lirios. Amado Santo de Israel, te agradecemos por hasta ahora haber guardado la vida de nuestro bebé y no haber permitido que nazca antes de tiempo. Sabemos que en el momento preciso, Tú le enseñarás cuándo es el momento de nacer.

Guía de oración por el alma de nuestro bebé (emociones-mente-voluntad)

Amado Redentor, el anhelo de nuestros corazones es que Tú santifiques el alma de nuestro bebé mientras aún está en el vientre de su madre. Te pedimos que deposites en su corazón la semilla de la mansedumbre, fruto del Espíritu Santo y que la misma florezca y dé fruto en abundancia. No te pedimos esto por nuestros propios méritos, sino más bien por los méritos de tu hijo amado Jesucristo en quien tenemos libertad y acceso a Ti con confianza por medio de la fe en Él. Crea en nuestro bebé, oh Dios, un corazón limpio, lleno de mansedumbre y firme en Ti como el de Samuel, que se mantuvo firme en tus estatutos a pesar de estar rodeado de malos ejemplos. Te pedimos que examines cada pensamiento que suba a su corazón y que lo limpies con hisopo. Permite que sus emociones estén sujetas a tus preceptos, líbrale de delitos de sangre. Profetizamos que nuestro bebé crecerá bajo tu sombra y que, al igual que Samuel, te cante alabanzas con toda su alma, aún delante de los dioses de la tierra. Abre sus labios, oh SEÑOR, para que su boca anuncie tu alabanza y que desde su infancia pueda escuchar tu voz, así como Samuel te escuchó. Que toda su confianza y voluntad estén sujetas a Ti y no al hombre, pues tu Palabra establece que maldito el hombre que en el hombre confía, y hace de la carne su fortaleza, y del SEÑOR se aparta su corazón. Te pedimos que guardes su alma; no permitas que se envanezca con razonamientos humanos. Permite que te conozca a Ti de manera íntima y personal; que toda su voluntad esté sujeta a Ti. Cuida su mente de las vanidades e ignorancias del mundo en que le tocará vivir. No permitas que su entendimiento sea entenebrecido, ni que la insensibilidad y sensualidad se apoderen de nuestro bebé y endurezcan su corazón. ¡Amén!

Guía de oración por el espíritu de nuestro bebé

Espíritu de nuestro bebé, te hablamos a ti en el nombre de Jesucristo. Escucha atentamente cada palabra que estaremos hablándote, pues vamos a alimentar tu espíritu. Escucha con tu espíritu lo que la Palabra de Dios te dice: "No quiero, hermanos, que ignoréis acerca de los dones espirituales." Amado bebé, el deseo del corazón de Dios es que lo conozcas y te adueñes de todos los regalos que el Espíritu Santo de Dios desea darte a ti. Hay mucho que enseñarte sobre estos dones que están disponibles para ti. Espíritu de nuestro bebé, deléitate escuchando lo que Dios te dice en su Palabra sobre los dones del Espíritu. "Ahora bien, hay diversidad de dones, pero el Espíritu es el mismo. Pero a cada uno se le da la manifestación del Espíritu para provecho. Pues a éste es dada por el Espíritu palabra de sabiduría; a otro, palabra de ciencia según el mismo Espíritu; a otro, fe por el mismo Espíritu; y a otro, dones de sanidades por el único Espíritu. A otro el hacer milagros; a otro profecía; a otro discernimiento de espíritus; a otro diversos géneros de lenguas y a otro, interpretación de lenguas. Pero todas estas cosas las hace uno y el mismo Espíritu, repartiendo a cada uno en particular como Él quiere." Bebé, la Biblia no sólo nos dice que los nueve dones están disponibles para todos los creyentes, sino que añade que debemos desearlos todos ardientemente, sobre todo profetizar. Que no debemos apagar el Espíritu ni descuidar el don espiritual, sino que, por el contrario, debemos avivar el fuego del don de Dios. Bebé, en el nombre de Jesús profetizamos que tu espíritu es vivificado desde el vientre de tu madre y que eres una vasija separada para Dios. Que el Espíritu Santo te hace una visitación y manifiesta el don de sabiduría sobre tu vida y el mismo será tan palpable que muchos se maravillarán de tu capacidad de comprender cosas sobrenaturales y de manejar situaciones complejas. En el nombre de Jesucristo. ¡Amén!

(Sal 71:22, Exo 15:1, Cant 6:10, 7:1-5, 5:12-16, 4:1, 3-5, Isa 54:13, Sal 66:9, Ef 3:12, Sal 51:10, Sal 108:1, Sal 138:8, Sal 51:14-15, 1S 2:26, Jer 17:5 , 24:7, Ef 4:17-19, 1Co 12:1, 4-11, 14:39, 1Tim 5:19, 4:14, 2Ti 1:6)

Semana 33   *Estoy vivo y describo mi desarrollo - Mido cerca de 17.2 pulgadas (43.7 cm) y peso cerca de 4.23 libras (1,918gr)*

¿Acaso no lo sabes? ¿Es que no lo has oído? El Dios eterno, el SEÑOR, el creador de los confines de la tierra no se fatiga ni se cansa. Con tantas cosas de las cuales Él tiene que ocuparse, se ha encargado de velar por mi crecimiento. Verdaderamente que su entendimiento es inescrutable. Él se ocupó de que el tamaño de mi cabeza aumentara 3/8", a fin de ajustarse al rápido crecimiento de mi cerebro. Mis neuronas y sinapsis se desarrollan en miles de millones, formando nuevas conexiones que me proveen las destrezas que necesitaré para poder subsistir, como un recién nacido, fuera del vientre de mi mamá. ¡Maravillosas son las obras de mi Creador! Esta semana quizás sea capaz de coordinar el chupar mi dedo, tragar, y respirar. Estarán de acuerdo que soy todo un genio. La mayoría de mis huesos se endurecen, pero mi cráneo aún es plegable y no está completamente unido. Mis huesos se moverán un poco, a fin de facilitar mi nacimiento. Puede que ya tenga períodos que, mientras duermo, sueño. Ya sé, se están preguntando sobre qué sueño. Eso es un secreto entre mi Creador y yo. Continúo practicando utilizar mis pulmones, esto me prepara para respirar fuera del útero. Si soy un varón, mis testículos continúan descendiendo al escroto. A veces puede que uno de los testículos no descienda hasta después del nacimiento.

Guía de oración por el desarrollo físico de nuestro bebé

Dios eterno, como no exaltar tu nombre. Te has ocupado de cada detalle de la formación de nuestro bebé y nuestros corazones rebosan de alegría y agradecimiento. Gracias por coronar su cabeza con las medidas exactas que ha necesitado durante su proceso de crecimiento y desarrollo. Te pedimos que lo separes para Ti y le coloques tu corona de santidad sobre su cabeza y cerebro en formación. Permite que mientras nuestro bebé aún está en el vientre de su madre, sea enseñado por Ti, Dios Eterno, y que multipliques su paz, pues Tú has prometido multiplicar la paz de tus hijos. Dios Eterno, Tú eres quien preservas al hombre y al animal, tu misericordia se extiende hasta los cielos; tu fidelidad, hasta el firmamento. Te pedimos que, mientras nuestro bebé práctica tragar, chupar su dedo y respirar dentro del vientre de su madre, lo sacies de la abundancia de tu casa y le des a beber del río de tus delicias. Porque en Ti está la fuente de la vida; en tu luz vemos la luz. Concede que, de la misma manera que a la represión tuya y al resoplido del aliento de tu nariz aparecieron los manantiales del mar y los fundamentos del mundo fueron descubiertos, los pulmones y las vías respiratorias de nuestro bebé sean bendecidos. Si nuestro bebé es un varón, te pedimos que guardes el camino del descenso de sus testículos al escroto. ¡Amén!

Guía de oración por el alma de nuestro bebé (emociones-mente-voluntad)

Te adoramos y te bendecimos; eres el Dios eterno, el SEÑOR, el creador de los confines de la tierra. El que no se fatiga ni se cansa. Tu entendimiento es inescrutable. Das fuerzas al fatigado y al que no tiene fuerzas, aumentas su vigor. Aún los jóvenes se fatigan y se cansan, los muy niños tropiezan y vacilan, pero los que esperan en el SEÑOR renovarán sus fuerzas. Se remontarán con alas como las águilas, correrán y no se cansarán, caminarán y no se fatigarán. Reclamamos esta promesa sobre nuestro bebé. Sé Tú su fuerza y defensa salvadora. Permite que él, al igual que Moisés, comprenda que nadie puede ser fuerte por su propia fuerza, y que Tú salvas a tu pueblo y bendices a tu heredad, y los pastoreas para siempre. ¡Oh Dios Eterno, declaramos que nuestro bebé es bienaventurado, sus fuerzas estarán en Ti y su corazón en tus caminos! Sabemos que durante su caminar habrá tiempos cuando su humanidad querrá elevarse y permitir que la imagen de lo terrenal lo controle. Te pedimos que en esos momentos la mansedumbre, imagen de lo celestial, palpite mucho más fuerte en su corazón. Con la convicción de que no le sobrevendrá ninguna tentación que no sea común a los hombres. Y fiel es Dios, que no permitirá que él sea tentado más allá de lo que pueda soportar, sino que con la tentación, Él provee también la vía de escape a fin de que pueda resistirla. ¡Amén!

Guía de oración por el espíritu de nuestro bebé

Espíritu de nuestro bebé, te hablamos a ti en el nombre de Jesucristo. Escucha atentamente cada palabra que estaremos hablándote, pues queremos continuar alimentándote con la Palabra de Dios. Escucha con tu espíritu lo que dice la Palabra de Dios sobre los dones del Espíritu: "Porque a éste es dada por el Espíritu palabra de sabiduría; a otro, palabra de ciencia según el mismo Espíritu." Bebé, durante esta semana vamos a hablarte sobre el don de conocimiento, ya que la Palabra de Dios nos enseña que el pueblo de Dios es destruido por falta de conocimiento. Esto nunca ha sido la voluntad de Dios. Nuestro Dios es Alfa y Omega, el principio y el fin; esto significa que Él todo lo conoce y nada le es oculto. Nosotros, tus padres, declaramos que tú anhelarás los dones del Espíritu Santo y que Él te revela los misterios de las tinieblas y saca a la luz la densa oscuridad, que te revela los pensamientos del hombre y lo que habrá de suceder en el futuro. Bebé, nosotros profetizamos que tu herencia está en Cristo Jesús y que serás servidor de Cristo y administrador de los misterios de Dios. Profetizamos que serás amigo del Espíritu Santo y que, así como Dios no quiso encubrirle a Abraham su plan de destruir a Sodoma, Dios te dará a conocer sus planes y misterios para ti y para otros. Bebé, te bendecimos con la manifestación constante del conocimiento sobrenatural que está más allá de tu propio conocimiento o inteligencia humana. En el nombre de Jesús. ¡Amén!

(Isa 40:28-31, Exo 29:6, Isa 54:13, Sal 36:6, 8-9, 2Sa 22:16, Sal 28:8, 1Sa 2:9, Sal 28:9, 84:5, 1Cor 15:49, 10:13, 12:8, Os 4:6, Dan 2:29, Apoc 21:6, Job 12:22, 1Co 4:1, Gen 18:17ª)

Semana 34 **Estoy vivo y describo mi desarrollo - Mido cerca de 17.7 pulgadas (45 cm) y peso 4.7 libras (2,146 gr)**

El Sol de Justicia ha brillado y ya me comporto como un recién nacido: con mis ojos abiertos cuando estoy despierto y cerrados cuando estoy dormido. También tengo mi propia rutina para dormir y estar despierto. He aprendido a parpadear mis hermosos ojos. Las uñas de mis dedos alcanzan la punta de mis dedos y quizás hasta me rasque la cara antes de nacer. Definitivamente, es tiempo de sacar la cita para mi primera manicura. El Sol de Justicia ha brillado sobre mí y me ha inundado de su amor. Puedo ver con mayor claridad cuando hay luz sobre la barriguita de mamá y quizás tenga el esquema de todos los órganos de mamá memorizados. Lo que definitivamente tengo grabado en mi mente y corazón son los sentimientos de amor y aceptación que me han brindado. El reflejo de su amor hacia mí es tan claro, que no necesito de ninguna fuente externa para percibir cuánto me aman y desean. Mamá me continúa protegiendo por medio de los anticuerpos que me son transferidos a través de su sangre. Estas inmunizaciones continúan siendo transferidas hasta que yo nazca. Luego será la leche materna de mamá la que me proveerá los nutrientes que necesito para protegerme de enfermedades. Sólo mi Dios pudo idearse un sistema inmunológico como éste. También me dotó de mi propio reloj biológico y puede ser que yo ya haya asumido una posición de cabeza en preparación para ese gran día, cuando dejaré mi casita y seré depositado en sus brazos.

Guía de oración por el desarrollo físico de nuestro bebé

El Sol de Justicia ha brillado sobre nuestro bebé y la gloria de Dios lo ha coronado. Nuestro bebé es como una diadema real en la mano de nuestro Dios. Gracias por abrir sus ojos; permite que tus preceptos alegren su corazón y alumbren sus ojos. Padre, sabemos que Moisés acostumbraba tener su tienda de reunión fuera del campamento y sucedía que todo el que buscaba al SEÑOR, salía a la tienda de reunión que estaba fuera del campamento. Nosotros también te pedimos que nuestro bebé, desde el vientre, tenga la rutina de pasar largos tiempos a solas en tu presencia, hablando contigo como se habla con un amigo y que cada palabra de las Escrituras que hemos orado sobre nuestro bebé se haya grabado en su corazón y en su mente. Te adoramos pues, cual sol y escudo es el sistema inmunológico que has provisto para nuestro bebé. Declaramos que ninguna enfermedad podrá traspasarlo, ya que nada bueno niegas a tus hijos. Gracias Sol de Justicia, por la bendición de los pechos maternos. Nos maravilla el milagro de cómo nuestro bebé pueda ser alimentado y protegido a través de la leche materna y su contenido que continuará protegiéndolo, a la vez que contribuye a establecer una relación de apego que le hace sentirse confiado desde los pechos de su madre. Te pedimos que, mientras el tiempo de su nacimiento se acerca, Tú, el Sol de Justicia, brilles sobre nuestro bebé, que lo llames por su nombre, sostengas su mano y lo lleves a que asuma la posición correcta para nacer. Sabemos que el día y hora exacta de su nacimiento es de las cosas secretas que te pertenecen; y que así como nosotros no sabemos la posición de las densas nubes o las maravillas de tu perfecto conocimiento, desconocemos el día y hora exacta de su nacimiento.

Más también sabemos que, llegado el momento preciso, Tú le darás la señal a nuestro bebé de que es hora de llegar a nuestros brazos y que tu mano de poder lo guiará por el canal del parto. En el nombre de Jesús. ¡Amén!

Guía de oración por el alma de nuestro bebé (emociones-mente-voluntad)

Tú eres nuestro Sol de Justicia. A Ti elevamos nuestras voces y te pedimos que, desde el vientre de su madre, el alma de nuestro bebé desee ardientemente entrar a tu presencia, y que su corazón y su carne canten al Dios de Justicia. Que pueda disfrutar de la dicha de habitar en tu presencia y alabarte perpetuamente. Que su fuerza esté en Ti y que su corazón esté fijo en tus caminos, de manera que cuando pase por valles de sequedad, lo torne en fuentes de aguas, y sea como lluvia que llena los estanques. Te pedimos que él tema tu nombre y que tu sol de justicia brille sobre él con salud. SEÑOR, oye nuestra oración; escucha, oh Dios; mira, escudo nuestro: pon tus ojos sobre el rostro de nuestro bebé y cuida de su corazón. Ilumina los ojos de su corazón para que comprenda su identidad en Ti y se deleite en ella como lo hizo Juan el Bautista, quien comprendió que su rol era anunciar la venida del Mesías y pudo decir: "Yo no soy el Cristo, sino que he sido enviado delante de Él" y profetizó que él menguaría mientras Jesús había de surgir en su ministerio. Te pedimos, que ese espíritu de mansedumbre reine en el corazón de nuestro bebé durante todos los años de su vida, pues tu Palabra establece que bienaventurados son los pobres en espíritu, porque de ellos es el Reino de los cielos. ¡Amén!

Guía de oración por el espíritu de nuestro bebé

Amado bebé, en el nombre de Jesucristo llamamos tu espíritu a atención. Escucha lo que la Palabra de Dios dice sobre otro de los dones del Espíritu Santo. "Porque a éste es dada por el Espíritu palabra de sabiduría; a otro, palabra de ciencia según el mismo Espíritu; a otro, fe por el mismo Espíritu." Hoy te estaremos instruyendo sobre el don de fe que viene directamente del Espíritu. La Palabra de Dios nos enseña que "sin fe es imposible agradar a Dios; porque es necesario que el que se acerca a Dios crea que le hay y que es galardonador de los que le buscan." También dice que cada uno de nosotros hemos recibido una medida de fe. Esto es así, ya que Dios jamás nos pedirá algo para lo cual Él ya no haya hecho provisión. La fe como un don es una fe sobrenatural, es una manifestación del poder extraordinario de Dios que lleva al hombre a creer por lo sobrenatural. Este don opera en conjunto a otros dones como el de hacer milagros u operar los dones de sanidad. Bebé, el don de fe es un regalo de tu Ayudador, el Espíritu Santo. La manifestación de este don te ayudará a salir de tu zona de comodidad y atreverte a moverte en un nivel sobrenatural. Bebé, nosotros tus padres te bendecimos con un deseo ferviente de manifestar la gloria de Dios a través del don de fe. Declaramos que tu fe te llevará a decirle aún a un monte que se mueva y el mismo se moverá, y que nada te será imposible, siempre y cuando lo que pidas esté alineado con la Palabra de Dios. Profetizamos que hablarás la Palabra de Dios, no con palabras persuasivas de sabiduría humana, sino con demostración del Espíritu y de poder, gracias a la manifestación del don de fe, ya que tu fe no descansa en la sabiduría de los hombres, sino en el poder de Dios. En el nombre de Jesús. ¡Amén!

(Mal 4:2, Isa 62:3, Sal 19:8, Exo 33:7, 11, Sal 84:11, Gen 49:25b, Sal 22:9, Isa 42:6, Job 37:16, Deu 29:29, Sal 84:2, 4-6, 8-9, Ef 1:18, Jn 3:28, 30, Mat 5:3, 1Co 12:8-9, Heb 11:6, Rom 12:3, Mat 17:20, 1Co 2:4-5)

Semana 35 *Estoy vivo y describo mi desarrollo - Mido cerca de 18.2 pulgadas (46.2 cm) y peso 5.25 libras (2,383 gr)*

El Dios que hace milagros ha permitido que durante esta semana comience un período de rápido aumento de peso: aproximadamente de 8 a 12 onzas por semana. Tranquilos, no tendrán que ponerme a dieta. Estas son capas de grasa que mi Creador me da para ayudar a regular la temperatura de mi cuerpo. También me embellecen, pues forman esos hermosos hoyitos en mis codos y rodillas. Si soy un varón, mis testículos habrán completado su proceso de descenso. Mi audición está completamente desarrollada. No dejen de hablarme y de orar por mí; me gusta escuchar sus voces. Ya ocupo todo el espacio de mi casita y a veces cuando me estiro, presiono el diafragma y pulmones de mamá y ella tiene que hacer un mayor esfuerzo por respirar. Lo lamento, mamá, no quiero hacerte daño. Pero no te preocupes, muy pronto me acomodaré en tu pelvis y podrás respirar un poco mejor, aunque quizás entonces no puedas caminar con tanta facilidad. Tranquila, ya falta poco para mi llegada y te aseguro que cuando me veas, te olvidarás de todas estas incomodidades.

Guía de oración por el desarrollo físico de nuestro bebé

Tú eres el Dios que hace milagros y nuestras almas lo saben muy bien. Te amamos con todo nuestro corazón, nuestras almas y nuestras fuerzas. Creemos que has escuchado nuestras oraciones y te damos gracias por el crecimiento y desarrollo de nuestro bebé. Gracias por embellecerlo durante esta semana y por asegurarte que cuente con las capas de grasa necesarias para regular su temperatura. SEÑOR, confiamos que Tú has cuidado de su audición y que la palabra que hemos orado sobre nuestro bebé habita en su corazón y su mente en abundancia de sabiduría. Profetizamos que estas oraciones están grabadas en su mente y corazón y le traen alegría y gozo. Te damos gracias por guardarlo y guiarlo hacia el canal del parto. En el nombre de Jesucristo. ¡Amén!

Guía de oración por el alma de nuestro bebé (emociones-mente-voluntad)

Tú eres el Dios que hace maravillas. Hemos conocido tu poder entre los pueblos y visto los milagros que continúas realizando. Nos postramos ante Ti y damos gracias a tu nombre por tu misericordia y tu fidelidad, porque has engrandecido tu palabra conforme a todo tu nombre. Padre, de manera milagrosa, físicamente, nuestro bebé ya escucha nuestras voces y sabemos que cada palabra que hemos orado sobre él está siendo grabada en todo su ser. Te pedimos que, de igual forma, abras sus oídos para la instrucción, siembres la semilla de la mansedumbre y sabiduría en lo más íntimo de su ser a la vez que das a su mente inteligencia. Permite que muestre la mansedumbre que mostró José al enterarse que María, su prometida, estaba embarazada. Te pedimos que la personalidad de nuestro bebé refleje el fruto de la mansedumbre y que no tenga más alto concepto de sí que el que debe tener. Te pedimos que la sabiduría entre en su corazón para que el conocimiento sea grato a su alma, a fin de que él pueda discernir justicia y juicio, equidad y todo buen sendero. Que al igual que José, la discreción vele sobre él, que el entendimiento lo proteja para librarlo de la senda del mal, del hombre que habla cosas perversas y de los que dejan las sendas de rectitud para andar por los caminos tenebrosos. Que mantenga la mirada en las cosas de arriba, no en las de la tierra. ¡Amén!

Guía de oración por el espíritu de nuestro bebé

Nuestro muy amado bebé, en el nombre de Jesucristo, hablamos ahora a tu espíritu. Escucha atentamente mientras te instruimos sobre los dones de sanidad. Escucha con tu espíritu lo que dice la Palabra de Dios: "Pero a cada uno le es dada la manifestación del Espíritu para provecho. Porque a éste es dada por el Espíritu palabra de sabiduría; a otro, palabra de ciencia según el mismo Espíritu; a otro, fe por el mismo Espíritu; y a otro, dones de sanidad por el mismo Espíritu." Bebé, lo primero que queremos que notes es que la Biblia habla de dones de sanidad, no de un don. Esto significa que son muchos los dones de sanidad. Bebé, como te hemos venido repitiendo vez tras vez, Dios nos ama. En la antigüedad, Dios Padre se presentó como Jehová Rapha, nuestro sanador, el que traería salud y sanidad. En el Nuevo Testamento encontramos a Jesús sanando y libertando a los cautivos. Él también les dio el mandato a sus discípulos de poner las manos sobre los enfermos y sanarlos. Luego, a través del poder de la persona del Espíritu Santo, los dones continuaron manifestándose de manera regular y frecuente en los discípulos. Bebé, sin lugar a duda el deseo del corazón de Dios es ungir a sus hijos con los dones de sanidad. Nuestro clamor a Dios ha sido que desde el vientre de tu madre, todo tu ser, espíritu, alma y cuerpo, sean cubiertos por el poder sanador de Jehová Rapha y que la manifestación de los dones de sanidad se impregne en tu espíritu y lleguen a ser parte de tu genética espiritual. Profetizamos que serás una vasija de su poder sanador. Tan fuerte será la unción de los dones de sanidad sobre ti, que incluso llevarán pañuelos o delantales de tu cuerpo a los enfermos y las enfermedades los dejarán; y los malos espíritus saldrán de ellos, no importa el tipo de enfermedad que puedan tener o el diagnóstico que hayan dado los médicos. En el nombre de Jesús. ¡Amén!

(Sal 77:14, Jn 16:21, Sal 138:2, Job 36:10, 38:36, Pro 2:10,9, 11-13, Col 3:2, 1Co 12:7:9, Ex 15:26, Jer 33:6, Mar 16:17-18, Hec 19:12)

Noveno Mes

Semanas 36 – 40

Resumen del Proceso del Embarazo

Semana 36: El único órgano que aún está en el proceso de madurar es el pulmón.
Semana 37: Ya llegó a su término; está listo para nacer. Continúa practicando el respirar.
Semana 38: Le da mucho hipo como resultado de la falta de aire ante los muchos ejercicios respiratorios que hace. Los intestinos están funcionando.
Semana 39: Hasta el momento del nacimiento los pulmones continúan desarrollándose
Semana 40: Está listo para nacer.
Día del parto

El enfoque de las oraciones será:

Semana	Nombre de Dios	Personaje de la Biblia	Alma	Espíritu
36	Redentor	David	Dominio Propio	Don de Milagros
37	SEÑOR de SEÑORES	Timoteo	Dominio Propio	Don de Profecía
38	Brazo del SEÑOR	Lot	Dominio Propio	Don de Discernimiento de Espíritus
39	El SEÑOR está aquí	José hijo de Jacob	Dominio Propio	Diversos géneros de lenguas e interpretación de lenguas
40	Poder de mi Salvación	Sadrac, Mesac y Abed-nego	Dominio Propio	Consagrado desde el vientre
Parto	Alfa y Omega	N/A	N/A	N/A

Fiestas de Israel y El Embarazo

Fiestas de Israel	Embarazo
Fiesta de la dedicación	**Nacimiento del bebé**
También conocido como la fiesta de las luces. Según el calendario judío, el tiempo entre la fiesta de los tabernáculos y la fiesta de la dedicación comienza a los 280 días. La fiesta dura 8 días.	Los médicos calculan el embarazo a base de 280 días. El nacimiento puede darse entre 40 a 42 semanas.

Semana 36 — Estoy vivo y describo mi desarrollo - Ahora mido cerca de 18.66 pulgadas (47.4 cm) y peso unas 5.78 libras (2,622 gr)

El SEÑOR, mi Salvador, mi Redentor, el Poderoso de Jacob se ha ocupado de nosotros y parece que estoy casi listo para mi entrada triunfal a los brazos de ustedes, mis amados padres, quienes me han cubierto con su amor y oraciones. Todo mi ser percibe cuánto me aman y desean tenerme en sus brazos. Paciencia, pues entre más tiempo permanezca en mi casita, mayores probabilidades tengo de poder respirar por mí mismo, ya que el único órgano que aún está en el proceso de madurar es mi pulmón. Mi piel continúa acumulando grasa y se vuelve más suave y más parecida a la de un bebé. Estoy precioso, las arrugas han desaparecido. ¡Gloria a mi Dios! Le alabo porque todo lo hizo hermoso en su tiempo. ¡He acumulado grasa en mis mejillas y me veo precioso! Pronto sus manos estarán acariciándolas y dándome tiernos besos. ¡Cuánto anhelo que llegue ese día! Mamita, cuidado con lo que comes, en esta etapa estoy ganando peso y gano como una onza por día. No queremos tener que necesitar un entrenador personal. Mis riñones están completamente desarrollados y mi hígado ha comenzado a procesar desperdicios. Si no lo había hecho aún, esta semana me acomodaré en tu pelvis. Los huesos que forman mi cráneo pueden moverse uno con relación al otro, a fin de que mi cabeza pueda acomodarse bien dentro de tu pelvis. Este fenómeno lo inventó mi Creador para permitir que mi cabeza se abra paso a través del canal de parto. No se sorprendan si al nacer mi cabeza se ve puntiaguda o deforme; mi Creador se encargó de esto y después de unas horas o días recuperaré la forma redondeada.

Guía de oración por el desarrollo físico de nuestro bebé

El SEÑOR, nuestro Salvador, Redentor, el Poderoso de Jacob, es en quien hemos confiado. Tú eres nuestra roca y castillo y por tu nombre guiarás y encaminarás a nuestro bebé hasta nuestros brazos. Sabemos que en tu mano está el alma de todo ser viviente y el espíritu de toda carne humana. Gracias por guardar sus entrañas: riñones, hígado y pulmones y cubrirlos en el vientre de su madre. Desde su concepción, lo has moldeado como al barro. Derramaste como leche lo necesario para que cada órgano fuese formado y luego los cuajaste como queso. Lo vestiste de piel y lo entretejiste con huesos y tendones. Vida y misericordia le has concedido y tu cuidado ha guardado su espíritu. Le has ceñido de fuerza y haces perfecto su camino, asegurándote que se acomode en la pelvis de su madre y que abra paso a través del canal de parto en el día y la hora que has destinado para su nacimiento.

Guía de oración por el alma de nuestro bebé (emociones-mente-voluntad)

Poderoso eres, nuestro SEÑOR y Redentor y a Ti solamente adoraremos, pues tu fidelidad es para siempre. Dios Todopoderoso, sabemos que no hay nada demasiado difícil para Ti, que Tú escuchas el deseo de los humildes, fortaleces nuestros corazones e inclinas tu oído a nuestro clamor. En esta confianza, te pedimos que deposites en el alma de nuestro bebé la semilla del dominio propio, fruto del Espíritu Santo. Permite que nuestro bebé sepa esperar pacientemente en Ti. Que reconozca que en tus manos están sus tiempos y que su voluntad está sujeta a tu voluntad. Que espere en Ti como lo hizo David, quien a pesar de saber que había sido elegido como rey no se apresuró a tomar las cosas en sus manos sino que mostró un temor reverente por tus principios y esperó en Ti. Que confíe en Ti, haga el bien y cultive la fidelidad. Que Tú seas su delicia y encomiende a Ti su camino. Profetizamos que nuestro bebé reconocerá que por Jehová son ordenados los pasos del hombre y es Él quien los aprueba. Nuestro bebé encomendará a Ti su camino y esperará en silencio en Ti con la convicción de que así, como lo hiciste con David, en tu tiempo lo exaltarás. Harás resplandecer su justicia como la luz y su derecho como la luz del mediodía. Tu ley estará en su corazón y no vacilarán sus pasos y lo llevará a confiar callado en el SEÑOR y a esperar con paciencia. No se irritará a causa del que prospera en su camino o por el hombre que lleva a cabo sus intrigas, sino que abrirá sus labios para anunciar tus alabanzas. Se gozará en el camino de tus testimonios, más que en todas las riquezas. En el nombre de Jesús. ¡Amén!

Guía de oración por el espíritu de nuestro bebé

Bebé, llamamos a atención a tu espíritu en el nombre de Jesucristo, escucha con tu espíritu la Palabra de Dios para ti: "Pero a cada uno le es dada la manifestación del Espíritu para provecho. Porque a éste es dada por el Espíritu palabra de sabiduría; a otro, palabra de ciencia según el mismo Espíritu. A otro, el hacer milagros." Espíritu de nuestro bebé, durante esta semana te instruiremos sobre el don de milagros. Por milagro, entendemos un fenómeno que transciende las leyes naturales o un acto divino, a través del cual Dios se revela a sí mismo. El hacer milagros es el quehacer diario de Dios. La misma creación del mundo es un milagro, Dios habló la Palabra y lo que habló fue creado. Él dividió el Mar

Rojo para que su pueblo pasara en seco, cerró la boca de los leones para que no le hicieran daño a su siervo Daniel. Hizo que aparecieran los dedos de una mano humana y comenzaran a escribir en una pared, convirtió el agua en vino y alimentó a cinco mil personas con cinco panes y dos peces. Bebé, lo que acabamos de mencionar es sólo una pequeña muestra de los muchos milagros de Dios que muestra la Biblia. La Palabra de Dios nos enseña que Jesucristo es el mismo ayer y hoy y por los siglos; y que el que cree en Él, las obras que Él hizo, las haría también y aún mayores que éstas. Espíritu de nuestro bebé, te recordamos que los dones hay que pedirlos. Nosotros profetizamos que tu espíritu es vivificado dentro de ti, tú anhelarás los dones del Espíritu, pondrás tu delicia en el SEÑOR, el testimonio de Cristo será confirmado en ti y conocerás los pensamientos de Dios para ti. Así como el ciervo brama por las corrientes de las aguas, todo tu ser clamará ardientemente por los dones espirituales y realizarás milagros y prodigios en el nombre de Jesús. ¡Amén!

(Isa 60:16, Sal 31:3, Job 12:10, Sal 139:13, Job 10:9-12, Sal 18:32, Sal 31:15, 37:3-7, 23, 31, 51:15, 119:14, Gen 18:14, Sal 10:17, Gal 5:22-23, 1Co 12:7, 8, 10, 1Co 12:8,10, Gen 1, Ex 14:21-22, Dan 6:22,, 5:5, Jn 2:7-11, Mat 14:13-21, Heb 13:8, Jn 14:12-13, Sal 37:4-5, 1Co 1:6, 2:11, 14:1, Sal 42:1)

Semana 37   *Estoy vivo y describo mi desarrollo - Ahora mido unas 19.1 pulgadas (48.6 cm) y peso cerca de 6.3 libras (2,859 gr)*

El SEÑOR de SEÑORES es Dios grande, poderoso y temible. Su mano poderosa me ha guardado y estoy listo para dejar mi casita, pero aún puedo quedarme un tiempito más. No he dejado de crecer. Espero que la ropita que me han comprado me sirva. Continuaré desarrollando grasa a una velocidad de media onza por día. Continúo practicando los movimientos de respiración. Es una maravilla lo que mi Creador hizo, la manera que puedo respirar debajo del agua. Tengo un puño firme y pronto lo usaré para agarrar firmemente los dedos de mamá y de papá. Ya no sólo muevo mis ojos hacia la luz, sino que me volteo en dirección hacia la luz fuera del útero. A medida que la piel del vientre de mamá se hace más fina, me llega más luz. Yo sé que mi Creador existe y es la luz verdadera que al venir al mundo, alumbra a todo hombre. Mamá, recuerda que este es un tiempo idóneo para establecer un buen patrón para ambos. ¿Alguna vez has escuchado decir que el bebé tiene sus días y noches mezclados? Ahora es el momento de evitar esto estableciendo un horario fijo para la hora del descanso.

Guía de oración por el desarrollo físico de nuestro bebé

Te magnificamos porque eres el SEÑOR, nuestro Dios, SEÑOR de SEÑORES, Dios grande, poderoso y temible que no hace acepción de personas ni acepta soborno. Por tu misericordia, te diste a Ti mismo como escudo de salud y tu diestra como sustento sobre nuestro bebé. Largura de días le traes en tu mano derecha; en tu izquierda riquezas y honra. Te damos gracias por haber cuidado de los pulmones de nuestro bebé permitiendo que milagrosamente, pueda respirar dentro del líquido amniótico que le rodea. Nosotros confiamos que Tú, que eres ojos para el ciego y pies para el cojo y que todo lo haces perfecto le indicarás a nuestro bebé el momento preciso de su nacimiento. Más, mientras llega ese momento, ayúdanos a ser sabios en establecer una rutina que edifique la vida de nuestro bebé en espíritu, alma y cuerpo. En el nombre de Jesús. ¡Amén!

Guía de oración por el alma de nuestro bebé (emociones-mente-voluntad)

Tú eres el SEÑOR nuestro, Rey de reyes y SEÑOR de señores. Dios grande, poderoso y temible que no hace acepción de personas. Admirable son los hechos a favor de los hijos de los hombres. Has provisto para nuestro bebé el escudo de tu salvación; tu diestra lo sostiene y tu benevolencia lo engrandece. SEÑOR, el anhelo de nuestros corazones para nuestro bebé es que lo apartes para Ti desde el vientre de su madre y que tengas a bien por tu gracia llamarlo y dirigir sus pasos. Que al igual que Timoteo en su temprana infancia, Cristo, tu hijo amado, le sea revelado a fin de que su pie guarde tu senda y permanezca en ella y nunca se desvíe de la misma. SEÑOR, sabemos que Tú eres quien obra en nosotros el querer como el hacer tu voluntad para tu beneplácito. Por lo tanto, pedimos que lo ayudes para que te busque con todo su corazón y que, como resultado de esa búsqueda, el dominio propio reine en su alma. Profetizamos que no se desviará de tus mandamientos. Que su corazón atesore tu palabra para no pecar contra Ti. Bendito Tú, oh SEÑOR; enséñale tus estatutos, a meditar en tus preceptos y a considerar tus caminos. Que se deleite en tus mandamientos y no olvide tu palabra. Amado Dios, favorece a nuestro bebé para que viva y guarde tu palabra. Abre sus ojos para que vea las maravillas de tu ley y comprenda que su estadía en la tierra es sólo un peregrinaje. Quebranta su alma para que en todo tiempo anhele tus ordenanzas. En el nombre de Jesús. ¡Amén!

Guía de oración por el espíritu de nuestro bebé

Bebé, dirigimos nuestras voces a tu espíritu en el nombre de Jesucristo, escucha con tu espíritu lo que la Palabra de Dios dice sobre ti: "Pero a cada uno le es dada la manifestación del Espíritu para provecho. Porque a éste le es dada por el Espíritu palabra de sabiduría; a otro, palabra de ciencia según el mismo Espíritu; a otro, el hacer milagros a otro, profecía." Bebé, en esta semana te instruiremos sobre el don de profecía. Profetizar es recibir una palabra directamente del corazón del SEÑOR; es un acto de proclamar a otro un mensaje de parte del Espíritu de Dios. La palabra profética no está basada en tu intelecto, sino en el don de Dios. La palabra que se imparte bajo el don profético siempre será para edificación, exhortación y consolación de la persona a quien se le da. La misma confirmará lo que Dios ya le ha dicho a la persona. Amado bebé, la misma Palabra de Dios nos enseña que éste es un don que, sobre todos los demás, debes desear ardientemente. Por lo tanto, en el nombre de Jesús, nosotros tus padres, declaramos que la Palabra que hemos orado sobre ti, hace todo aquello para lo cual es enviada, que tú inclinas tu oído espiritual a estas palabras y que, a medida que crezcas y te desarrolles, el Espíritu Santo te recordará todo lo que se te ha enseñado. Tu espíritu anhelará el don de profecía para el bien común de la iglesia. Profetizamos sobre ti, bebé, que Dios te ha capacitado para compartir la herencia de los santos en luz y que Dios derramará sobre ti de su Espíritu y profetizarás. ¡Amén!

(Deu 10:17, Jn1:9, Sal 18:35, Pro 3:16, Job 29:15, Ec 3:11a, Sal 66:5, 18:35, Gal 1_15-16, Job 23:11, Fil 2:13: Sal 119:10-12, 15:20, 1Co 12:7-8, 10, 14:3,1, Isa 55:11, Prov 22:17, Jn 14:26, Col 1:12, Hch 2:18)

Semana 38   *Estoy vivo y describo mi desarrollo - Ahora mido cerca de 19.6 pulgadas (49.8 cm) y peso cerca de 6.8 libras (3,083 gr)*

El brazo del SEÑOR se ha revelado, me ha hermoseado y me guiará hacia los brazos de mis amados padres. La circunferencia de mi cabeza y mi abdomen miden más o menos lo mismo. Quizás tenga toda una cabellera. Me imagino que se siguen preguntando qué color y textura tendrá mi pelo. Si soy un varón, mis testículos han descendido al escroto. Si soy hembra, los labios vaginales ya están completamente formados. Mis intestinos están funcionando y acumulo meconio: mi primera caquita. Espero que tengan listos mis pañales. Se habrán dado cuenta que me dan muchos hipos. Es que soy todo un campeón nadando bajo el agua. Como resultado de la falta de aire a mi alrededor, los ejercicios de respiración que hago hacen que el líquido amniótico entre en mi tráquea y me den hipos.

Guía de oración por el desarrollo físico de nuestro bebé

El brazo de nuestro SEÑOR se ha revelado, ha hermoseado a nuestro bebé y lo guiará hacia nuestros brazos. Por cuanto conocemos a nuestro SEÑOR, sabemos que la precisión del momento de su salida es tan cierta como la aurora y nuestro bebé vendrá a nosotros como la lluvia, como la lluvia de primavera que riega la tierra. Nuestros corazones rebosan de alegría pues sabemos que, he aquí, no se adormecerá ni dormirá el que guarda a nuestro bebé. El SEÑOR es su guardador; el SEÑOR es su sombra a su mano derecha. El SEÑOR lo protegerá de todo mal; Él guardará su alma. El brazo del SEÑOR guardará su salida y su entrada desde ahora y para siempre, pues hasta los cabellos de su cabeza han sido contados por nuestro Dios. El socorro de nuestro bebé viene del brazo del SEÑOR, que hizo los cielos y la tierra, no permitirá que su pie resbale; no se adormecerá el que le guarda.

Guía de oración por el alma de nuestro bebé (emociones-mente-voluntad)

El brazo del SEÑOR se ha vestido de poder como en los días de antaño y se ha develado ante nosotros. Por el poder de tu brazo has hecho maravillas. Por siempre exaltaremos tu nombre. Te exaltamos por la forma tan maravillosa que has cuidado de nuestro bebé, lo has protegido y mantenido con vida. Padre, te pedimos que así como tu mano lo ha sostenido y guardado físicamente, guardes su corazón. Dale un corazón con entendimiento para discernir entre el bien y el mal. Sabemos que le tocará vivir en un mundo donde el pecado es sumamente grave y donde, como en Sodoma y Gomorra, la expresión del rostro de la gente testifica contra ellos; la gente publica su pecado, no lo encubren y han traído mal sobre sí mismos. Reconocemos que nuestro bebé necesitará más de Ti que cualquier otra generación. Ante esta realidad, te pedimos que la semilla del dominio propio, fruto del Espíritu Santo, esté firmemente enraizada en su corazón. Que así como el ciervo anhela las corrientes de agua, así suspire el alma de nuestro bebé por Ti. Que te busque con afán porque su alma tiene sed de Ti, que su carne te anhele cual tierra seca y árida donde no hay agua. Te pedimos que a muy temprana edad lo convenzas de pecado, de justicia y de juicio. A Ti encomendamos a nuestro bebé, pues Tú sabes rescatar de tentación a los piadosos y reservar a los injustos bajo castigo para el día del juicio. Padre, rescátalo como rescataste al justo Lot de la conducta sensual de hombres libertinos. Que su alma justa, diariamente sienta repulsión por los hechos inicuos y por el contrario, que anhele su alma y aún desee con ansias los atrios del SEÑOR; que su corazón y su carne canten con gozo al Dios vivo. ¡Amén!

Guía de oración por el espíritu de nuestro bebé

Espíritu de nuestro bebé, te hablamos a ti en el nombre de Jesucristo. Escucha atentamente cada palabra que estaremos hablándote. Queremos alimentarte con la Palabra de Dios e instruirte sobre los dones del Espíritu. Escucha con tu espíritu lo que la Palabra de Dios te dice: "Porque a éste es dada por el Espíritu palabra de sabiduría; a otro, palabra de ciencia según el mismo Espíritu; a otro, el hacer milagros; a otro, profecía; a otro, discernimiento de espíritus." Bebé, el don de discernimiento de espíritus se refiere al poder sobrenatural para detectar el mundo de los espíritus demoniacos, angelicales o humanos y conocer sus actividades. Es cuando el Espíritu te da una visión o conocimiento espiritual para saber, sobrenaturalmente, los planes del enemigo, la intervención divina de Dios o el verdadero espíritu que pueda estar operando en una persona. Bebé, este don es muy necesario en este tiempo, cuando la actividad demoniaca va en aumento; pero tranquilo, ya que la Palabra de Dios establece que donde abunda el pecado, sobreabunda la gracia. Nosotros, tus padres, te bendecimos con el anhelo ferviente de fluir en los dones del Espíritu y de poder discernir entre los espíritus engañadores de las tinieblas, los ángeles ministradores de Dios y la verdadera naturaleza del espíritu de las personas que se acerquen a ti. Bebé, te bendecimos con una visión que traspasa el mundo físico para penetrar en el mundo espiritual a fin de desenmascarar al enemigo de las almas. Profetizamos que tus ojos espirituales estarán equipados para ser un líder exitoso, que verá cómo los ángeles de Dios están trabajando a tu favor y a favor de otros. Ningún espíritu humano te engañará, sino que sabrás discernir entre el justo y el impío, entre el que sirve a Dios y el que no le sirve y vivirás una vida victoriosa en Cristo Jesús. ¡Amén!

(Isa 53:1, Sal 121:8, 4-5, 7, Mat 10:30, Sal 121:2-3, 41:2, 1 Re 3:9, Gen 18:20, Isa 3:9, Sal 42:1, 63:1, Jn 16:8, 2 Ped 2:9,7,8, Sal 84:2, 1Co 12:8, 10, Lc 4:33, Gen 22:11, Dan 2:1, Rom 5:20, Mal 3:18)

Semana 39 **Estoy vivo y describo mi desarrollo - mido cerca de 19.9 pulgadas (50.7 cm) y peso unas 7.25 libras (3,288 gr)**

El SEÑOR está aquí, el espíritu de Dios me hizo y la inspiración del Omnipotente me dio vida. Mis pulmones están maduros y estoy listo para mi viaje a los brazos amorosos de mis padres. A medida que me preparo para mi viaje al exterior, va desapareciendo de mi piel la mayor parte del lanugo y el humectante especial que mi Creador patentizó llamado *vernix*. Quizás me quede un poco en mi espalda y otras partes de mi cuerpo. La placenta de mi mamita me provee los anticuerpos que ayudarán a que mi sistema inmunológico combata infecciones por los primeros 6 a 12 meses de mi vida. Ya no me queda espacio para moverme. Mamá, estarás de acuerdo que es una maravilla cómo puedo presionar tus costillas y vejiga a la vez. Continúo almacenando grasa, la cual regula mi temperatura. Amados padres, sólo faltan unos días para que me tengan en sus brazos. Estoy tranquilo pues estoy convencido precisamente de esto: que el que comenzó la buena obra en mí, la perfeccionará. Con esta convicción, yo entro en el reposo de Dios y les invito a hacer lo mismo.

Guía de oración por el desarrollo físico de nuestro bebé

A medida que la fecha del parto se acerca, nos conforta saber que el SEÑOR, nuestro Dios, está aquí en medio nuestro y vela por el cumplimiento de su palabra, la cual es viva y eficaz y hará todo aquello para lo cual es enviada. SEÑOR, sabemos que estás aquí en medio nuestro, que tu camino es perfecto y que eres escudo a todos los que se acogen a Ti. Tú eres el que nos escuchas cuando te invocamos y te dejas ser hallado por nosotros. Tú nos oyes en cualquier cosa que pedimos y respondes a nuestras peticiones. Tú has dicho, pedid y se os dará; buscad, y hallaréis; llamad, y se os abrirá. Dado que tu Palabra establece que hay un tiempo señalado para todo, hay un tiempo para cada suceso bajo el cielo; sabemos que cuando se haya cumplido el tiempo señalado, Tú lo indicarás y se cumplirá tu buena palabra. Tú abrirás el canal de parto, nuestro bebé nacerá y veremos el fruto de nuestra esperanza. Mientras llega ese momento, entramos en tu reposo. Nuestro Dios está aquí cuidando de nuestro bebé. En su mano está el alma de todo ser viviente, y el espíritu de toda carne humana Tú lo has guardado y has conservado su vida. Nuestros corazones se alegran y nuestras almas se regocijan. También nuestra carne morará segura porque Tú eres nuestra roca y nuestra fortaleza y por amor de tu nombre conducirás a nuestro bebé hasta nuestros brazos. Tú eres quien lo guardas con vida y no permites que sus pies resbalen; lo protegerás de todo mal. Esta es nuestra confianza y cuando la ansiedad quiera apoderarse de nosotros, escogemos echar toda nuestra ansiedad sobre Ti, pues sabemos que Tú tienes cuidado de nosotros. ¡Amén!

Guía de oración por el alma de nuestro bebé (emociones-mente-voluntad)

Dios, gracias por siempre estar ahí por nosotros, por morar en nuestros corazones y por cuidar de nuestro bebé. Te pedimos que lo cubras con tu amor y te recordamos que en tus manos lo hemos colocado con la convicción de que Tú no abandonas las obras de tus manos y que tu propósito se cumplirá en su vida. Permite que nuestro bebé extienda sus manos hacia Ti, que su alma te anhele como la tierra sedienta. Que en el día que te invoque, le respondas y fortalezcas su alma. Sabemos que los momentos de angustia, indudablemente, tocarán su vida. Te pedimos que en esos momentos de angustia Tú lo vivifiques, que extiendas tu mano contra la ira de sus enemigos y tu diestra lo salve. Que al él ver tu salvación, medite en toda tu obra y reflexione en tus hechos. Que a una muy temprana edad, comprenda que debe ejercer dominio propio sobre los deseos de su carne y alma. Que con gran determinación imite la conducta de José, el hijo de Jacob, que supo resistir las seducciones de la esposa de su amo Potifar. Crea en él la convicción de que su vida te pertenece y la certeza de que los que son de Cristo Jesús, han crucificado la carne con sus pasiones y deseos. Inclina su corazón a tus testimonios y no a la ganancia deshonesta. Aparta sus ojos de mirar la vanidad y vivifícalo en tus caminos para que comprenda que la lámpara del cuerpo es el ojo; por eso, si su ojo está sano, todo su cuerpo estará lleno de luz. Confirma tu palabra en nuestro bebé e inspírale reverencia por Ti en el nombre de Jesús oramos. ¡Amén!

Guía de oración por el espíritu de nuestro bebé

Nuestro muy amado bebé, en el nombre de Jesucristo, hablamos ahora a tu espíritu, escucha atentamente la Palabra de Dios para ti: "Porque a éste es dada por el Espíritu palabra de sabiduría; a otro, diversos géneros de lenguas; y a otro, interpretación de lenguas." Bebé, en esta semana te instruiremos sobre el don de diversas clases de lenguas y la interpretación de lenguas, las cuales son parte de las señales que Jesús dijo que acompañarían a los que han creído en Él. El don de diversas clases de lenguas es cuando el Espíritu Santo te da la habilidad sobrenatural para expresarte en una lengua que no tienes la habilidad o el conocimiento para hablarla. Pueden ser lenguas humanas; lenguajes que existen actualmente o dialectos de culturas antiguas como también pueden ser lenguas angelicales. Al hablar en lenguas no hablas a los hombres, sino a Dios, pues nadie entiende sino que en tu espíritu hablas los misterios de Dios. Este don es muy útil cuando no sabemos cómo orar. Al orar en lenguas, es nuestro espíritu el que intercede por nosotros con gemidos indecibles. Bebé, el don de interpretación de lenguas viene a complementar el don de lenguas, ya que te permite saber lo que tú u otra persona están diciendo. La Palabra de Dios nos enseña que pidamos el don de interpretación, a fin de que nuestro entendimiento se beneficie. La interpretación de lenguas no es una traducción, sino más bien una declaración del significado de las lenguas, ya que el que interpreta no comprende la lengua que interpreta. Es un fenómeno milagroso y sobrenatural del Espíritu Santo. Bebé, estos dos dones forman parte del paquete de dones que Dios ha dispuesto para todo aquel que lo desee. Nosotros, tus padres, declaramos, en el nombre de Jesús, que tú fluirás en nuevas lenguas humanas y angelicales. Tendrás tu propia lengua de comunicación con Dios. Profetizamos que tu espíritu se une al Espíritu de Dios en oraciones que tocan el corazón de Dios y te llevan a una relación de intimidad con Él. Profetizamos que hablarás lenguas angelicales de guerra que te fortalecerán en el poder de su fuerza a la vez que derriban principados, potestades, gobernadores de las tinieblas de este siglo y huestes espirituales de maldad en las regiones celestes. Bebé, en el nombre de Jesús, te bendecimos con el regalo de interpretación de lenguas. Profetizamos que eres un enviado de Dios y que, aquel a quien Dios ha enviado, habla las palabras de Dios; pues Dios da el Espíritu sin medida, tu espíritu clamará ¡Abba, Padre!

Anhelarás descubrir los misterios de Dios cuando hables en lenguas y de manera sobrenatural el Espíritu Santo te dará sin medida el don de interpretación de lenguas. En el nombre de Jesús. ¡Amén!

(Eze 48:35, Job 33:4, Fil 1:6, Heb 4:3, Jer 1:12, Heb 4:12ª, Isa 55:11, 2Sa 22:31ª, Jer 29:12, 14ª, 1Jn 5:15, Mat 7:7, Ecl 3:1, Jer 29:10-11, Sal 41:2, 1Pe 5:7, Fil 1:6, Sal 16:9, 66:9, 121:7, 31:3, Sal 138:8, 143:6, 138:3,7, 77:12, Gal 5:24, Sal 119:36-37, Mat 6:22, Sal 119:38, 1Co 12:8, 10, Mar 16:17, Hch 2:4, 1Co 13:1, 14:2, Rom 8:26, 1Co 14:13-14, Jn 3:34, Rom 8:15)

Semana 40   *Estoy vivo y describo mi desarrollo - Mido cerca de 20.2 pulgadas (51.2 cm) y peso unas 7.6 libras (3,462 gr)*

SEÑOR, poder de mi salvación, después de muchas semanas de anticipación, estoy a punto de hacer mi entrada triunfal a los brazos de mis padres. Cuánto he deseado que este momento llegue. ¡Estoy listo! Quince por ciento de mi cuerpo es grasa corporal. Como aún no he aprendido a tener escalofrío, esta grasa ayuda a mi cuerpo a regular mi temperatura. Mi pecho sobresale como quien se pavonea orgulloso de ser quien es. Mis pulmones continuarán desarrollándose hasta el momento del nacimiento. Están produciendo grandes cantidades de surfactante para mantener los alvéolos abiertos. Continúo creciendo; mi pelo y uñas también crecen. Quizás debes hacerme una cita con el barbero o la estilista y también necesitarán darme una buena manicura para evitar que me vaya a lacerar la cara. Espero que muy pronto me vean y yo los veré a ambos. El momento preciso lo sabe mi Creador, los médicos dicen que el embarazo puede durar de 40 a 42 semanas. Deseo que ese momento llegue. Deseo dejar mi casita, sentir sus brazos alrededor de mí y disfrutar de sus cuidados mientras nos enamoramos mutuamente.

Guía de oración por el desarrollo físico de nuestro bebé

Oh Dios, SEÑOR, poder de nuestra salvación, Tú has cubierto a nuestro bebé y lo preparas para el momento preciso cuando lo tendremos en nuestros brazos. En Ti hemos puesto nuestra delicia y encomendado el camino de nuestro bebé hacia nuestros brazos. En Ti confiamos y creemos que nos darás las peticiones de nuestro corazón. Sabemos que fuera de Ti nada podemos hacer. Tú eres la vid verdadera y nosotros los pámpanos. El que permanece en Ti y Tú en él, ese da mucho fruto, porque separados de Ti nada podemos hacer. Más si permanecemos arraigados a tu Palabra, todo lo que pidamos será hecho. Durante este tiempo de espera ni el temor ni el desaliento se apoderarán de nosotros porque Tú nos fortalecerás, ciertamente nos ayudarás, sí, nos sostendrás con la diestra de tu justicia. Tu Palabra establece que el que habita al abrigo del Altísimo morará a la sombra del Omnipotente. Tú eres nuestro refugio y fortaleza, aquel en quien confiamos. El SEÑOR es nuestro refugio; el Altísimo es nuestra habitación. No nos sucederá ningún mal, ni plaga se acercará a nuestra morada. Nuestra confianza está en que el SEÑOR, poder de nuestra salvación, nos sostendrá durante este último tiempo de espera. Esperaremos en Él con paciencia, sabiendo que su palabra establece que cualquiera que diga a este monte "quítate y arrójate al mar," y no dude en su corazón, sino crea que lo que dice va a suceder, le será concedido. Por eso creemos que todas las cosas por las que hemos orado y pedido ya las hemos recibido y nos serán concedidas. Tú diseñaste el cuerpo de la mujer y una de las tareas que has dado a las hijas de los hombres para que en ella se ocupen, es concebir y dar a luz. Creemos que, así como determinaste el tiempo en que nuestro bebé sería concebido, también has fijado el tiempo apropiado de nacer. Mientras llega ese día, lo mejor que podemos hacer es regocijarnos en la confianza que el más pequeño llegará a ser un millar y el más insignificante una nación poderosa. Que Tú, el SEÑOR, a su tiempo lo apresurarás. Nuestra confianza está puesta en Ti, nuestra fuerza y defensa salvadora. Tú eres el que fortalece a la mujer, el que da fuerzas al fatigado y a la que no tiene fuerzas y aumentas su vigor. Y que aunque los jóvenes se fatigan y se cansan, las que esperan en el SEÑOR renovarán sus fuerzas; se remontarán con alas como las águilas, correrán y no se cansarán, caminarán y no se fatigarán. SEÑOR, creemos que a tu tiempo darás la voz para que nuestro bebé venga a nuestros brazos. La voz de nuestro SEÑOR es poderosa. La voz de nuestro SEÑOR es majestuosa. El Dios de gloria truena, el SEÑOR está sobre las muchas aguas. En el nombre de Jesús. ¡Amén!

Guía de oración por el alma de nuestro bebé (emociones-mente-voluntad)

Te adoramos a Ti, nuestro libertador, nuestro baluarte, nuestro Dios y roca en quien nos refugiamos; nuestro escudo y el cuerno de nuestra salvación, nuestra altura inexpugnable. Padre, tu Palabra establece que he aquí, don del SEÑOR son los hijos y recompensa es el fruto del vientre. Gracias por este don que nos has dado para cuidarlo y criarlo bajo tu temor. Mas en tu mano está el alma de todo viviente, y el espíritu de toda carne humana. Sabemos que tienes planes para su vida, planes de bienestar y no de calamidad para darle un futuro y una esperanza. Te pedimos que, así como Tú has sido nuestra roca, seas su roca y fortaleza y que por amor de tu nombre, lo conduzcas y lo guíes por el camino del dominio propio como lo hiciste con Sadrac, Mesac y Abednego. Que cuando te busque con todo su corazón, te encuentre y que tenga la confianza de saber que si pide cualquier cosa conforme a tu voluntad, Tú le oirás y le concederás las peticiones que habrá hecho. Que si tu respuesta se tarda, sabrá esperar echando toda su ansiedad sobre Ti con la certeza que Tú tendrás cuidado de él. Que al igual que Sadrac, Mesac y Abednego comprenda que así será bendecido el hombre que teme al SEÑOR. Padre, te pedimos que lo aconsejes y que, aún en las noches, instruyas su corazón. Que su deleite sea hacer tu voluntad, por cuanto tu ley está dentro de su corazón. Que invoque tu nombre y dé a conocer tus obras entre los pueblos a través de cánticos de alabanzas. Que hable de todas tus maravillas, gloriándose en tu santo nombre, que proclame buenas nuevas de justicia y que nunca refrene sus labios de adorarte. ¡Aleluya! ¡Amén!

Guía de oración por el espíritu de nuestro bebé

Nuestro muy amado bebé, le hablamos a tu espíritu en el nombre de Jesús de Nazaret. Escucha con tu espíritu lo que la Palabra de Dios dice sobre ti: "Y todos tus hijos serán enseñados por Jehová; y se multiplicará la paz de tus hijos." Por lo tanto, espíritu de nuestro bebé, "levántate, resplandece; porque ha venido tu luz, y la gloria de Jehová ha nacido sobre ti. Porque he aquí tinieblas cubrirán la tierra, y oscuridad las naciones; mas sobre ti amanecerá Jehová, y sobre ti será vista su gloria". Bajo la autoridad que Dios nos ha delegado como padres tuyos, establecemos que, así como Juan el Bautista y Samuel fueron consagrados a Dios desde el vientre de sus madres y cumplieron su destino en Dios, tú cumplirás el tuyo. Proclamarás el nombre del SEÑOR y la grandeza de nuestro Dios. Bebé, tu eres hechura de Dios, creado en Cristo Jesús para hacer buenas obras, las cuales Dios preparó de antemano para que anduvieras en ellas. Tu Padre Celestial te hizo único; no hay nadie como tú y estamos convencidos precisamente de esto: que el que comenzó la buena obra en ti, la perfeccionará hasta el día de Cristo

Jesús. Profetizamos que el Espíritu Santo te revelará tu identidad en Dios, sabrás que eres cabeza y no cola, sólo estarás encima y nunca estarás debajo, por cuanto escuchas los mandamientos del SEÑOR tu Dios y los guardas cuidadosamente. Profetizamos que toda la instrucción que has recibido desde el vientre de tu madre se ha entretejido en todo tu ser para santificarte por completo: espíritu, alma y cuerpo, a fin de preservarte irreprensible para la venida de nuestro SEÑOR Jesucristo. Tú te verás a ti mismo como Dios te ve: perfectamente equipado con todo lo que necesitas para cumplir tu propósito en Dios y causar un impacto duradero en la vida de todos los que te rodeen. Porque lleno estás de la Palabra y tu espíritu te constriñe. En el nombre de Jesús oramos. ¡Amén!

(Sal 140:7, 37:4-6, Jn 15:4, 7, Isa 41:10, Sal 91:1-2, 9-10, Mar 11:23-24, Ecl 3:10, Jue 13:5, Ecl 3:11, 2,12, Isa 60:22, Sal 28:8, Isa 40:29–31, Sal 29:4, 3, 9, 18:2, 127:3, Job 12:10, Jer 29:11, Sal 31:3, Jer 29:13, 1Jn 5:14-15, 7, Sal 128:4, 16:7, 40:8, 1Cr 16:8-10, Sal 40:9, Isa 54:13, 60:1-2, Deu 32:3, Ef 2:10, Fil 1:6, Deu 28:13, 1Tim 5:23, Job 32:18)

Día del Parto

Los Padres le hablan al bebé

¡Hola, bebé! Todo parece indicar que ha llegado el día de viajar a través del canal del parto y llegar a nuestros brazos. Amado nuestro, no temas dar este viaje, pues Dios está contigo. Él te fortalecerá, ciertamente te ayudará y te sostendrá con la diestra de su justicia. Cuando pases por las aguas, Él estará contigo, pastoreándote y dirigiendo tu camino hasta nuestros brazos. Si bien es cierto que el proceso del parto es uno doloroso, la realidad es que la alegría de verte, borrará de nuestra mente todo recuerdo de esos dolores. Ven, ven pronto a nuestros brazos, amado bebé.

Oración de confianza de la mamá

El SEÑOR es mi pastor, nada me faltará. Mi Dios ha dado órdenes a sus ángeles acerca de mí para que me guarden en todo momento. En lugares de verdes pastos mi Dios me hace descansar; junto a aguas de reposo me conduce. Él restaura mi alma; me guía por senderos de justicia por amor de su nombre. Aunque pase por el valle de sombra de muerte, no temeré mal alguno, porque Tú estás conmigo; tú vara y tu cayado me infunden aliento. Tú preparas mesa delante de mí en presencia de mis enemigos; has ungido mi cabeza con aceite; mi copa está rebosando. Ciertamente el bien y la misericordia me seguirán todos los días de mi vida, y en la casa del SEÑOR moraré por largos días. ¡Amén!

Oración de confianza del papá

Padre, gracias por los cuidados que has tenido de mi esposa y de nuestro bebé. En estos momentos me presento como sacerdote que intercede por ella y por nuestro bebé. Declaro que Tú eres nuestro guardador y que con tus plumas los cubres y bajo tus alas ellos hallan refugio; escudo y baluarte es tu fidelidad. Te pedimos que, así como Tú no te cansas ni te fatigas, des fuerzas y vigor a mi esposa durante el trabajo de parto. Produce en ella nuevas fuerzas, un género de fuerzas propicio al trabajo de parto. Extiende tus alas sobre ella, nuestro bebé y las personas que los están atendiendo. Deposita de tu inteligencia sobre ellos. Permíteme ser instrumento de tu paz, dame las palabras para consolarla y animarla. En el nombre de Jesús. ¡Amén!

Oración de los padres cuando comienzan las contracciones

SEÑOR, todo parece que el momento anhelado ha llegado, las contracciones han comenzado de manera regular. Tú eres nuestro Alfa y Omega y nuestra confianza está en Ti, y solamente en Ti. Así como guardaste su concepción y desarrollo, Tú guardarás su salida. Sabemos que desde el momento de su concepción, Tú has poseído a nuestro bebé. Lo has guardado en lo secreto del vientre de su madre, pero muy pronto nos dejarás ver su precioso semblante y escuchar su dulce voz. Por cuanto Tú eres nuestro ayudador no temeremos mal alguno. Creaste el cuerpo de la mujer y cuidadosamente lo has diseñado con la capacidad de concebir y dar a luz. Amado Alfa y Omega, te pedimos que, simultáneamente, con la intensificación de cada contracción, se levante en nuestros corazones un cántico de ascenso gradual de confianza en Ti, nuestro ayudador. Que nuestras voces proclamen que nuestro socorro viene del SEÑOR, que hizo los cielos y la tierra. Creemos que no permitirás que nada malo suceda, pues, he aquí, no se adormecerá ni dormirá el que guarda el proceso del parto. El SEÑOR es nuestro guardador; el SEÑOR es nuestra sombra a nuestra mano derecha. El SEÑOR nos protegerá de todo mal; Él guardará nuestras almas. Aún antes de que haya palabra en nuestras bocas, he aquí, oh SEÑOR, Tú ya lo sabes todo. Sabemos que pronto los dolores se multiplicarán y que con dolor dará a luz a nuestro bebé. Como gimo de paloma, quizás salgan gemidos de dolor, mas nuestros ojos mirarán ansiosamente a las alturas. Oh SEÑOR, sé Tú nuestro ayudador. ¡Amén!

Oración de los padres durante las contracciones

Tú eres el gran Pastor que has mantenido cerrado el canal del nacimiento. Tú eres el portero que conducirás a nuestro bebé hasta nuestros brazos de la misma forma que el portero abre la puerta para que sus ovejas entren y salgan. Llamarás a nuestro bebé por su nombre y él reconocerá tu voz, así como cuando llamas a las ovejas por su nombre y ellas te reconocen. Tú irás delante de él guardando su camino. Porque en Ti está la fuente de vida; en tu luz vemos la luz del alumbramiento. Porque Tú eres nuestro Alfa y Omega y, por amor de tu nombre, conducirás y guiarás el proceso de parto. No temeremos, porque Tú estás con nosotros. Del oriente Tú traerás nuestra descendencia y del occidente nos reunirás. Dirás al norte: "Entrégalos" y al sur: "No los retengas. Trae a mis hijos desde lejos y a mis hijas desde los confines de la tierra." Creemos que así sucederá el día del alumbramiento de nuestro bebé; lo sacarás del seno materno y lo harás confiar en los pechos de su madre.

Y nosotros te lo entregaremos a Ti desde su nacimiento; desde el vientre de su madre Tú eres su Dios. Nosotros exclamaremos: ¡nuestro bebé ha nacido, nuestro bebé nos ha sido dado! Como pastor que apacienta su rebaño, que en su brazo recoge los corderos y en su seno los lleva, creemos que guiarás con cuidado a su madre, la recién parida. Pues darás órdenes a tus ángeles para que la guarden a ella y a nuestro bebé en todos sus caminos. ¡Amén!

(Isa 41:10, 43:2, Jn 16:21, Sal 23: 1, 91:11, 23: 2-6, Sal 121:8, Prov 8:22, Cant 2:14, Sal 121:1-5, 7, 139:4, Gen 3:16, Isa 38:14, Jn 10:3-4, Sal 36:9, 31:3, Isa 43:5-6, Lc 2:6, Sal 22:10, Isa 9:6, 40:11, Sal 22:9, Isa 9:6, Sal 91:11 , 2Tim 1:7)

Apéndice

Apéndice

El Bebé Inicialmente No Deseado

Tenga por cierto que el Dios de toda gracia, perfeccionará, afirmará, fortalecerá y establecerá en la vida suya y en la de su bebé un nuevo comienzo.

1Pe 5:10
(Parafraseado)

Si al enterarse del embarazo, a uno o ambos de los padres no le agradó la idea de la concepción de este bebé o llegó a considerar abortarlo, esta sección es para usted.

Hay muchas circunstancias por las cuales, inicialmente, un bebé no es deseado o que la noticia del embarazo provoque una mezcla de sentimientos adversos en cualquiera de los padres. Puede que hasta se llegue a pensar en el aborto como una alternativa.

Múltiples estudios muestran que, de alguna manera que no podemos explicar y desde el vientre de su madre, el bebé percibe si es deseado o no. Ante esta realidad, hemos tomado la decisión de incluir lo que consideramos es una poderosa herramienta para subsanar ese triste comienzo y cambiar el futuro del bebé por nacer.

Admitir estos sentimientos no es algo fácil, pero es muy necesario. Es indispensable que esta situación se enfrente. Que sea sincero y tome la firme decisión de dar el importante paso de lidiar con esta realidad. Nuestra intención no es traer culpa. Todo lo contrario, nuestra finalidad es ayudarlo a ser libre y que su bebé se sienta amado y aceptado. A continuación le sugerimos una manera sencilla y poderosa de hacerlo.

Primer paso – Trabaje con usted mismo

Sea cual sea la razón por la que este embarazo surgió, lo primero es abrir su corazón ante Dios para presentarle su situación. Según sea su caso, la tabla a continuación le servirá de guía. En adición, puede considerar tener la ayuda de alguien que le apoye durante el proceso.

Embarazo Dentro del Matrimonio	Embarazo Producto De Una Unión Sexual Sin Estar Casados	Embarazo Producto de Cualquier Tipo de Agresión Sexual
1. Arrepentirse de no aceptar al bebé	1. Arrepentirse de su pecado	1. Abrirle su corazón a Dios para presentarle su situación y pedir su ayuda
2. Confesar directamente a Dios su sentir	2. Confesar directamente a Dios su pecado	2. Perdonar al agresor (simplemente hablar perdón, aunque no sienta deseos de hacerlo)
3. Pedirle perdón a Dios con un corazón sincero	3. Pedirle perdón a Dios con un corazón sincero	3. Pedirle a Dios que le llene de amor por su bebé
4. Darle gracias a Dios por el bebé	4. Darle gracias a Dios por el bebé	4. Darle gracias a Dios por el bebé

Segundo paso – Acepte el perdón de Dios

1. Tome la firme decisión de creerle a Dios y no a sus emociones.
2. Tenga la convicción que nuestro Dios, cuyo nombre es Santo, habita con el arrepentido y humilde de espíritu para vivificar el espíritu de los humildes y el corazón arrepentido.

Tercer paso – Háblele al espíritu de su bebé

La Biblia nos enseña que el soplo de Dios es el que imparte vida. Su bebé ya tiene un espíritu dentro de su ser. Dado que el espíritu humano no depende de conexiones neurológicas, nuestra recomendación es que dirija su voz directamente al espíritu del bebé.

Comience por pedirle perdón al bebé por haberlo expuesto a la percepción de que no era deseado y el dolor que esto le haya causado. Inmediatamente, dígale que lo ama, lo desea; háblele de su identidad en Dios y bendígalo con bendiciones del cielo.

Oración Modelo
(Nota: La oración la pueden hacer ambos padres o uno sólo, según sea el caso)

Bebé, en el nombre de Jesús, dirijo mi voz directamente a tu espíritu. Escucha con tu espíritu lo que tengo que decirte: quiero pedirte perdón por el dolor que te puede haber causado la percepción de que yo no te deseo. No fue mi intención herirte de ninguna manera. Quiero decirte que yo estaba equivocada, tú no eres ni un accidente ni una equivocación; eres una hermosa bendición de Dios. Tú fuiste formado por Él, y le doy gracias por ti. Espíritu de mi bebé, escucha atentamente: eres muy especial, te amo, te deseo y no tengo ninguna duda de que llegas a mi vida como un hermoso regalo de tu Padre Celestial, que traerás gozo a mi corazón y al de Él.

Bebé, Dios te hizo especial, tú fuiste creado, moldeado y diseñado por Él. Tú eres único, no hay nadie como tú. Yo te necesito, el mundo te necesita, tú vienes al mundo con un propósito. No eres un accidente, eres parte del plan de tu Padre Celestial, quien diseñó tu herencia espiritual y te dotó con todo lo que necesitarás para cumplir tu asignación en el mundo.

Espíritu de mi bebé, en el nombre de Jesús te repito que te amo y te deseo con todo mi ser. Yo te bendigo con un comienzo saturado de mi amor y del amor de Dios. Yo te bendigo con salud espiritual, emocional y física. Yo te bendigo con la convicción de que eres un bebé deseado y muy, pero muy amado. En el nombre de Jesús, yo te bendigo con la protección de ángeles asignados a tu cuidado desde tu concepción hasta el último día de tu vida. ¡Amén!

Cuando Has Vivido La Experiencia Del Aborto

Oye, oh Jehová, mi voz con que a ti clamo; ten misericordia de mí, y respóndeme.
Salmo 27:7

Porque olvidarás tu aflicción, como aguas que han pasado la recordarás.
Job 11:16 (LBLA)

Como el padre se compadece de los hijos, se compadece Jehová de los que le temen. Porque Él conoce nuestra condición; se acuerda de que somos polvo.
Salmo 103:14

El efecto del aborto puede dejar unas huellas muy profundas en el cuerpo de una mujer. La salud psicológica y física de la mujer se ve afectada por el aborto de aquel que siempre será para ella, a lo largo de toda su vida, el bebé que nunca tuvo en sus brazos. Los síntomas del remordimiento perduran hasta muchos años después. Esto es así porque el aborto atenta contra el orden natural de la realidad emocional de la mujer. Intentar ignorar los efectos del mismo es el peor error que una mujer puede cometer. La mujer tiene que, ante todo, enfrentar su realidad y buscar el perdón de Dios a fin de encontrar alivio de los efectos de la culpa.

Con el propósito de ayudarle a trabajar con el sentido de culpa y cada una de estas emociones he incluido una guía que, de manera sencilla le ayudará en este proceso.

Guía

1. Arrepentirse. Decirle a Dios que se arrepiente de haber abortado a su bebé.

2. Acepte el hecho de que Dios es un Dios perdonador y Él no se acuerda más de nuestros pecados.

3. Pídale perdón a su bebé por haberle causado la muerte. Converse con él como si lo tuviera a su lado.

4. Perdone a aquellos que, de una manera u otra, le presionaron para que se hiciera el aborto.

5. Perdone al personal médico que participó en el proceso del aborto.

6. Dele cierre a esa experiencia. Esto lo puede hacer de la siguiente forma:

Amado Dios, te doy gracias por el perdón de mí pecado de aborto. Gracias por quitarme este peso de encima y por sanar mi espíritu, alma y cuerpo de los efectos devastadores del aborto.

Amado Padre, te presento el bebé que aborté y te pido que le dejes saber que me arrepiento de lo que hice, que me alegra saber que Tú lo recibiste en tus brazos y que tu amor le es más que suficiente. Con esta oración me despido de mi bebé y con la ayuda de Dios, cierro este capítulo de mi vida. En el nombre de Jesús. ¡Amén!

La Pérdida de Su Bebé

Porque él me esconderá en su tabernáculo en el día del mal; me ocultará en lo reservado de su morada; sobre una roca me pondrá en alto.

Salmo 27:5

Mas el Dios de toda gracia, que nos llamó a su gloria eterna en Jesucristo, después que hayáis padecido un poco de tiempo, Él mismo os perfeccione, afirme, fortalezca y establezca.

1 Pe 5:10

Las estadísticas indican que una mujer sana y que se cuida durante el embarazo, tiene un 10% de posibilidades de perder su bebé durante las primeras diez semanas y menos del 5% hasta la semana 12. Pérdidas después del tercer mes son menos frecuentes.

No importa la semana en que ocurre la pérdida del bebé, conlleva un terrible trauma emocional. En la mayoría de los casos, no hay un aviso o un tiempo de preparación. La pérdida es inesperada y las ilusiones se convierten de repente y de manera desgarradora, en una profunda tristeza y un inexplicable vacío. La mezcla de un dolor desgarrador, sentido de culpa, miedo, coraje con el médico, con Dios y con el bebé por haberse ido, son sólo un puñado de las emociones que tendrá que enfrentar la madre y, aunque en menor grado, el padre también.

Cada una de estas emociones tendrá que ser enfrentada con gran valentía. Con esto en mente, he incluido una guía que de manera sencilla, le ayudará en este proceso.

Guía

1. Pedirle al Espíritu Santo que esté presente y manifieste el amor de Jesucristo. Que le tome en los abrazos y le abrace fuertemente.
2. Estando en sus brazos, derrame su corazón ante Él con la certeza de que cada lágrima será recogida. Háblele de su desilusión, su tristeza, coraje, cómo siente que le han desgarrado el corazón; el vacío que siente en su vientre y del dolor de nunca haber escuchado el llanto o la risa de su bebé.
3. Tenga por cierto que Jesús comprende el dolor de la muerte. Una de las pocas veces que la Biblia indica que Jesús lloró, fue por la muerte de su amigo Lázaro. (Juan 11:35)
4. Si utilizó drogas o hizo algo que piense que pudo haberle hecho daño al bebé, pida perdón a Dios y a su bebé.
5. Tome la firme decisión de perdonar a todo aquel que siente que le falló: médico, bebé, usted mismo y aún a Dios. Se trata de simplemente, hablar perdón aunque no sienta deseos de hacerlo.
6. Imagine que tiene al bebé en sus brazos, háblele y dígale todo aquello que quiso decirle y no pudo.
7. Despídase del bebé con la certeza de que está en el cielo, siendo cuidado por Dios y que un día se volverán a ver.
8. Renuncie a todo sentimiento de culpa, tristeza, desilusión o cualquier otra emoción que la esté atormentando.
9. Renuncie al temor de perder otro bebé.
10. Pídale a Dios que la sane y la llene de su paz.

Referencia Rápida

Mes 1

SEMANA	NOMBRE DE DIOS	PERSONAJE DE LA BIBLIA	ALMA – ENFOQUE DE LA ORACIÓN	ESPÍRITU – ENFOQUE DE LA ORACIÓN
1	Creador	Jesús el Mesías	N/A	N/A
2	Altísimo	Isaac	N/A	N/A
3	Alfarero	Elizabeth	Fruto del Amor	Identidad en Dios
4	Jehová Pastor	Jonatán	Fruto del Amor	Identidad en Dios

Mes 2

SEMANA	NOMBRE DE DIOS	PERSONAJE DE LA BIBLIA	ALMA – ENFOQUE DE LA ORACIÓN	ESPÍRITU – ENFOQUE DE LA ORACIÓN
5	Escudo	Juan Bautista	Fruto de Gozo	Protección de Dios
6	Dios Celoso	Sifra y Púa	Fruto de Gozo	Herencia en Dios
7	SEÑOR de los Ejércitos	Felipe	Fruto de Gozo	Identidad en Dios
8	SEÑOR Santifica	Simeón	Fruto de Gozo	Identidad en Dios

Mes 3

SEMANA	NOMBRE DE DIOS	PERSONAJE DE LA BIBLIA	ALMA – ENFOQUE DE LA ORACIÓN	ESPÍRITU – ENFOQUE DE LA ORACIÓN
9	Dios Todo Poderoso	Abigail	Fruto de la Paz	Identidad en Dios
10	Dios de toda carne	Daniel	Fruto de la Paz	Conocimiento de Dios
11	Adonai	Ester	Fruto de la Paz	Identidad en Dios
12	Fiel y Verdadero	Eunice	Fruto de la Paz	Sentidos Espirituales
13	Jehová Shalom	Jael	Fruto de la Paz	Sentidos Espirituales

Mes 4

SEMANA	NOMBRE DE DIOS	PERSONAJE DE LA BIBLIA	ALMA – ENFOQUE DE LA ORACIÓN	ESPÍRITU – ENFOQUE DE LA ORACIÓN
14	SEÑOR Dios	Noé	Fruto de la Paciencia	Oídos Espirituales
15	Eterno Dios	Job	Fruto de la Paciencia	Oídos Espirituales
16	Fiel y Verdadero	Ana, madre de Samuel	Fruto de la Paciencia	Oídos Espirituales
17	Creador	Zacarías	Fruto de la Paciencia	Intimidad con Dios

Mes 5

SEMANA	NOMBRE DE DIOS	PERSONAJE DE LA BIBLIA	ALMA – ENFOQUE DE LA ORACIÓN	ESPÍRITU – ENFOQUE DE LA ORACIÓN
18	SEÑOR del Cielo	Bernabé	Fruto de la Benignidad	Identidad en Dios
19	Estandarte	Sunamita	Fruto de la Benignidad	Sentidos Espirituales
20	Nuestro Pastor	Juan	Fruto de la Benignidad	Vivificado
21	Nuestra Fuerza	Ruth	Fruto de la Benignidad	Fortalecido en Dios

Mes 6

SEMANA	NOMBRE DE DIOS	PERSONAJE DE LA BIBLIA	ALMA – ENFOQUE DE LA ORACIÓN	ESPÍRITU – ENFOQUE DE LA ORACIÓN
22	Justicia nuestra	Dorcas	Fruto de la Bondad	Identidad
23	Brisa apacible	Centurión	Fruto de la Bondad	Armadura
24	Anciano de Días	José de Arimatea	Fruto de la Bondad	Cinto de la Verdad
25	Roca de Israel	Rahab	Fruto de la Bondad	Cinto de la Verdad
26	Torre Fuerte	Josías	Fruto de la Bondad	Coraza de la Justicia

Mes 7

SEMANA	NOMBRE DE DIOS	PERSONAJE DE LA BIBLIA	ALMA – ENFOQUE DE LA ORACIÓN	ESPÍRITU – ENFOQUE DE LA ORACIÓN
27	El Dios que ve	Abraham	Fruto de la Fidelidad	Calzado de la Paz
28	Padre	Josué	Fruto de la Fidelidad	Escudo de la Fe
29	Redentor	María, madre de Jesús	Fruto de la Fidelidad	Yelmo de la Salvación
30	Yo Soy el que Soy	Josaba	Fruto de la Fidelidad	Espada del Espíritu

Mes 8

SEMANA	NOMBRE DE DIOS	PERSONAJE DE LA BIBLIA	ALMA – ENFOQUE DE LA ORACIÓN	ESPÍRITU – ENFOQUE DE LA ORACIÓN
31	La Roca	Jesús	Fruto de Mansedumbre	Oración
32	Santo de Israel	Samuel	Fruto de Mansedumbre	Presentar los dones Don de Sabiduría
33	Dios Eterno	Moisés	Fruto de Mansedumbre	Don de Conocimiento
34	Sol de Justicia	Juan el Bautista	Fruto de Mansedumbre	Don de Fe
35	Dios que hace Milagros	José, esposo de María	Fruto de Mansedumbre	Dones de Sanidad

Mes 9

SEMANA	NOMBRE DE DIOS	PERSONAJE DE LA BIBLIA	ALMA – ENFOQUE DE LA ORACIÓN	ESPÍRITU – ENFOQUE DE LA ORACIÓN
36	Redentor	David	Fruto de Dominio Propio	Don Milagros
37	SEÑOR de SEÑORes	Timoteo	Fruto de Dominio Propio	Don de Profecía
38	Brazo del SEÑOR	Lot	Fruto de Dominio Propio	Don de iscernimiento Espiritual
39	El SEÑOR está aquí	José, hijo de Jacob	Fruto de Dominio Propio	Diversos Géneros de Lenguas e Interpretación de Lenguas
40	Poder de mi Salvación	Sadrac, Mesac y Abed-nego	Fruto de Dominio Propio	Consagrado desde el Vientre
Parto	Alfa y Omega	N/A	N/A	N/A